Andreas Englisch

FRANCISCO
O PAPA DOS HUMILDES

CB132394

São Paulo
2013

UNIVERSO DOS LIVROS

Franziskus – Zeichen der Hoffnung
© 2013 by Andreas Englisch (www.andreasenglisch.de), represented by AVA International GmbH, Germany (www.ava-international.de)

Originally published 2013 by C. Bertelmann Verlag, Munich Random House GmbH

© 2013 by Universo dos Livros
Todos os direitos reservados e protegidos pela Lei 9.610 de 19/02/1998.

Nenhuma parte deste livro, sem autorização prévia por escrito da editora, poderá ser reproduzida ou transmitida sejam quais forem os meios empregados: eletrônicos, mecânicos, fotográficos, gravação ou quaisquer outros.

1ª edição - 2013

Diretor editorial
Luis Matos

Editora-chefe
Marcia Batista

Assistentes editoriais
Raíça Augusto
Raquel Nakasone

Tradução
Gabriela França

Preparação
Marly Netto Peres

Revisão
Júlia Yoshino

Arte
Francine C. Silva
Valdinei Gomes

Capa
Zuleika Iamashita

Dados Internacionais de Catalogação na Publicação (CIP)
Angélica Ilacqua CRB-8/7057

E48f
Englisch, Andreas
Francisco : o papa dos humildes / Andreas Englisch; tradução de Gabriela França. – São Paulo : Universo dos Livros, 2013.
240 p.

ISBN: 978-85-7930-538-2
Título original: Franziskus – Zeichen der Hoffnung

1. Bento XVI, Papa, 1927- Biografia 2. Papas – Igreja Católica I. Título II. França, Gabriela

13-0574 CDD 922.21

Universo dos Livros Editora Ltda.
Rua do Bosque, 1589 • 6º andar • Bloco 2 • Conj. 603/606
Barra Funda • CEP 01136-001 • São Paulo • SP
Telefone/Fax: (11) 3392-3336
www.universodoslivros.com.br
e-mail: editor@universodoslivros.com.br
Siga-nos no Twitter: @univdoslivros

Para minha esposa Kerstin e meu filho Leonardo.

E em agradecimento pela ajuda de Sua Excelência bispo Marcelo Sánchez Sorondo, sem o qual este livro não existiria.

SUMÁRIO

A SENSAÇÃO FRANCISCO

Quarta-feira, 13 de março de 2013. Capela Sistina. Cidade do Vaticano. São 16h30 quando os cardeais, após a pausa para o almoço, adentram a capela para a quarta votação, sob os mundialmente famosos afrescos de Michelangelo Buonarroti. Apesar do silêncio na capela, percebe-se claramente que mais ou menos trinta cardeais são puro medo – como descreveram mais tarde vários deles. Esses cardeais são os cerca de trinta homens que moram em Roma e administram o governo da Igreja, a Cúria. Eles sabem que agora vão precisar evitar algo especial: entrar em pânico. O que eles temem não pode de forma alguma acontecer: que aquele homem, que em 2005 já tinha recebido cerca de quarenta votos, venha a se tornar o novo papa. O que eles devem impedir a todo custo é a escolha de Jorge Mario Bergoglio.

Os cardeais da Cúria lembram-se bem de Bergoglio. Bem demais. O argentino nunca gostou de ir a Roma, e sempre que ia até lá era pelo mesmo motivo: porque a Cúria novamente havia tornado sua vida em Buenos Aires impossível. E isso eles fizeram com frequência! Bergoglio tinha a desagradável característica de não se dobrar facilmente àquilo que a Cúria decidia para ele. Quando ela o irritava, ele viajava até Roma, enfrentava o combate e marcava um encontro com o papa. Para infelicidade da Cúria, Bergoglio gozava enormemente do apreço tanto de João Paulo II quanto de Bento XVI. Ou seja, os conflitos já estavam programados para assim que Bergoglio chegasse a Roma, e o cardeal de Buenos Aires resistiria a eles.

O conflito decisivo ocorreu havia apenas alguns meses. Monsenhor Ettore Balestrero, o segundo secretário na Secretaria de Estado do Vaticano (departamento responsável pelo relacionamento com as nações), atacou Bergoglio. É importante ressaltar que Balestrero nada mais era do que a extensão do braço do grande chefe, o secretário de Estado do Vaticano, o cardeal Tarcisio Bertone. Portanto, quando Balestrero investia contra um cardeal, era Bertone quem se escondia por trás dele – e todos sabiam perfeitamente disso. Balestrero acusou mais de uma vez Bergoglio de enviar os melhores padres às favelas, em vez de mandá-los para as caras escolas de elite da Igreja católica, destinadas às classes mais abastadas, ou para as paróquias dos bairros elegantes de Buenos Aires, ou mesmo para Roma, onde a falta de padres tornava urgente a necessidade de sangue novo.

Esse era o ponto que mais causava aborrecimentos desde a nomeação de Bergoglio para o arcebispado de Buenos Aires, ou seja, desde 1998. Por décadas, o próprio Bergoglio foi com os padres às favelas, mesmo a locais aos quais nem a polícia se atrevia a ir. Bergoglio sempre recusava escoltas, acompanhava seus padres e os apresentava aos pobres. Nunca ninguém o agrediu. Por muitos anos, bebeu chimarrão (infusão típica de chá mate) com os mais pobres. Eles sabiam que Bergoglio era seu bispo, por isso protegiam seus padres e os acolhiam. Mesmo nos locais onde traficantes trocavam tiros, com muito dinheiro em jogo, Bergoglio e seus padres podiam ir e vir à vontade. Eles eram homens de Deus, e até os piores criminosos sempre aceitaram isso.

Mas a leitura da Cúria é bem diferente. Como Bergoglio cuida dos pobres, é considerado um malogro, um homem que não tem noção de como se conduz uma diocese. Balestrero dá a entender que os dias de Bergoglio estão contados. É por causa de seu comportamento, que sua iminente renúncia do arcebispado de Buenos Aires será aceita.

Jorge Mario Bergoglio nasceu em 17 de dezembro de 1936 e, ao completar 75 anos, em dezembro de 2011, ele deveria apresentar sua renúncia, como qualquer outro cardeal ou bispo. Via de regra, isso acontece após alguns meses de prorrogação do cargo. Contudo, Balestrero fez saber que o exercício do cargo de Bergoglio não seria de forma alguma estendido, como frequentemente acontece com outros bispos. Por exemplo, o arcebispo de Colônia, cardeal Joachim Meisner, três anos mais velho que Bergoglio, ainda exerce sua função. Mas no caso específico de Bergoglio, aquele teria que ser o ponto final, imperiosamente – ainda antes do início do verão de 2013, em meados do ano. Ele teria apenas alguns meses no cargo, garantiu Balestrero em nome de Bertone.

Obviamente, o ódio contra Bergoglio não se deve exclusivamente à sua luta pelos pobres. Há um segundo motivo ainda, mais forte, embora pareça ridículo. Jorge Mario Bergoglio é uma acusação viva contra a Cúria e contra quase todos os cardeais e 5 mil bispos do mundo. No Vaticano, todos sabem o que Bergoglio pensa acerca do fato de quase todos os cardeais e bispos mundo afora – em especial os cardeais da Cúria – serem servidos por religiosas, somando um exército de mais de 10 mil serviçais, quase todas freiras. Até mesmo o papa Bento XVI gozava dos serviços de quatro religiosas da Congregação de Schönstatt.

Bergoglio não tem sequer uma única governanta. Isoladamente, esse fato não seria tão ruim, se ao menos mantivesse a boca fechada, coisa que não faz. Ele diz abertamente, em encontros no Vaticano, que nas residências dos cardeais as religiosas cozinham, lavam e secam a louça, fazem a cama, fazem café para o motorista do bispo... enquanto deveriam estar fazendo aquilo para o que na verdade se tornaram freiras: pregar o Evangelho, amparar as crianças, assistir os idosos, mostrar o amor de Deus.

Apesar da aparente simplicidade dessa crítica, ela consegue causar puro horror no Estado do papa. Nenhum cardeal precisa se aborrecer de verdade quando liquida seus negócios financeiros no IOR (o Banco do Vaticano), difamado por causa da suposta lavagem de dinheiro, mas argumentar sobre a extinção dos serviços domésticos grátis das religiosas é pecado mortal imperdoável – pecado que Bergoglio comete sempre.

Balestrero é categórico: a carreira de Bergoglio na Igreja está acabada. A Cúria está a um passo de finalmente se livrar dele – e agora isso: na terceira votação, ele consegue mais de cinquenta votos. Justamente esse homem proscrito não pode de forma alguma se tornar o próximo papa! "Ridículo", despreza o secretário de Estado, cardeal Tarcisio Bertone. A eleição de Bergoglio está fora de cogitação. Nos anos anteriores, Bertone e seu amigo cardeal Giuliano Amato, chefe da Congregação para as Causas dos Santos, fizeram de tudo para deter Bergoglio. Bertone e Amato, dois padres salesianos, se conheceram na Congregação para a Doutrina da Fé. Com leve pressão sobre o papa, os dois formaram um colégio de cardeais que faria da eleição de Bergoglio algo completamente impossível. Eles trabalharam muito bem e incisivamente. Ao menos é nisso que os dois acreditam. Afinal, todos eles não tinham se tornado adversários declarados do cardeal Bergoglio, como o cardeal canadense Marc Ouellet, chefe da Congregação para os bispos e respeitado especialista da revista fundada por Joseph Ratzinger, a *Communio*? Não fora Ouellet que, segundo a visão de Bergoglio, combatera de modo feroz a implementação ativa de algumas ideias da Teologia da Libertação? Afinal, o objetivo principal de Joseph Ratzinger não era combater os protagonistas da Teologia da Libertação, como o franciscano Leonardo Boff? Em 1985, Ratzinger impôs ao teólogo Boff um ano de silêncio por causa de seu livro *Igreja – carisma e poder*. O motivo da dor de cabeça da Cúria é o fato de Ratzinger lutar sim contra a Teologia da Libertação, mas ser ao mesmo tempo um admirador de Bergoglio. Ele nunca perdeu a oportunidade de dizer que considerava Bergoglio um santo.

Mas Joseph Ratzinger não está no conclave. E lá não está apenas Ouellet, que pode ajudar a erigir uma muralha contra Bergoglio:

lá estão cerca de 28 cardeais italianos. Essa foi a obra-prima de Bertone: transformar em cardeais homens que, se comparados a um gênio, como o professor de filosofia Bergoglio, mal conseguem contar até três. Homens que só se tornaram cardeais porque, estando o Vaticano na Itália, a Cúria tem o poder de impor inúmeros italianos. É do interesse deles que o papa não seja um latino-americano, mas sim um homem da Cúria, para que tudo permaneça igual. Na Secretaria de Estado, são os italianos, em especial, que querem o poder. Os cardeais da Cúria esperam que a ajuda contra os latino-americanos venha também do dedicado discípulo de Ratzinger, o norte-americano William Levada, que Ratzinger queria como sucessor na chefia da Congregação para a Doutrina da Fé. É função de Levada colocar o grupo de onze cardeais norte-americanos contra Bergoglio.

Pouco antes da quarta votação na Capela Sistina, Tarcisio Bertone a percorre com os olhos, com a intenção de encarar os cardeais de modo bem persuasivo e lembrá-los de um fato simples: metade deles só está lá porque ele, Bertone, assim o quis. Agora era chegado o momento de apresentar a conta. A obrigação de cada um deles é simplesmente apoiá-lo e deter Bergoglio. Desde o início, quando assumiu o cargo, há sete anos, Tarcisio Bertone decidiu terminantemente quem poderia e quem não poderia tornar-se cardeal. O que ele quer é um colégio de cardeais que funcione como uma fortaleza, impedindo o avanço de Jorge Mario Bergoglio.

Na Cúria, todos conhecem o apelido de Bergoglio: "velho jesuíta". Isso porque, diferentemente dos novos jesuítas, ele não gasta seu tempo com as ciências. Ele é um jesuíta da velha escola – a velha escola que ajudou a construir a América Latina e não se esqueceu do que o fundador de sua ordem, Inácio de Loyola, era: um soldado de Deus, essencialmente. E é exatamente assim que Bergoglio se comporta. Apesar de toda simpatia e humildade, apesar de sua impressionante modéstia e simplicidade, ele é um guerreiro, um guerreiro que consegue engolir insultos quando é obrigado, mas que também consegue criticar firmemente, se julgar necessário.

Com o passar do tempo, a querela dos cardeais da Cúria com Bergoglio ficou tão intensa que eles finalmente tomaram a decisão drástica que sempre é tomada quando toda boa vontade para com um cardeal não funciona: ofereceram a ele uma posição na Cúria, um bom cargo, e assim Bergoglio se tornaria um deles. Ele se tornaria o chefe da Congregação para o clero e poderia então lidar com padres rebeldes do mundo todo, como ele próprio era, na opinião da Cúria. Contudo, aconteceu o impossível: Bergoglio recusou. A Cúria não conseguia entender. Normalmente, cardeais de regiões mais distantes, como a Argentina, não conseguem um posto em Roma tão rapidamente. Mas isso não era algo que Bergoglio quisesse, de forma alguma. Ele percebeu o jogo da Cúria de sempre tentar confinar em Roma os candidatos indesejáveis. Exatamente como aconteceu com o outrora brilhante bispo Emmanuel Milingo, o arcebispo de Lusaka, transferido para Roma para um posto no Pontifício Conselho para a Pastoral dos Migrantes e Itinerantes – e nele aniquilado. Bergoglio não se deixou seduzir, ele queria simplesmente continuar na Argentina, e os cardeais da Cúria se perguntavam o tempo todo por que ele fazia isso consigo mesmo. Ao invés de aguardar a aposentadoria confortavelmente, no centro do poder eclesiástico, em Buenos Aires ele tinha que enfrentar uma batalha após a outra contra sua própria gente, sobretudo contra os irmãos de sua própria ordem, além do governo e um exército de críticos. Se há um pesadelo para os cardeais da Cúria, o nome dele é Bergoglio.

Antes da quarta votação, Bertone declara a linha de abordagem. O cardeal Angelo Scola deve ser o novo papa – essa parece ser a melhor solução. Os cardeais sabem que, ao eleger o bispo de Milão ou o patriarca de Veneza, eles poderão continuar a agir como sempre, pura e simplesmente. Assim tem sido por muitos séculos e sempre funcionou bem. Quis o acaso que o atual arcebispo milanês, Angelo

Scola, tivesse também sido patriarca de Veneza. Na primeira votação, ele recebeu cerca de um quarto dos votos. Bertone está decepcionado e se pergunta: "Por que tão poucos?".

Scola cometeu um erro, um grande erro. Desde sua chegada em Roma, ele se comportou não como um candidato comum, mas sim como se já fosse o novo papa. Os outros cardeais viam com estranheza como Scola se conduzia como uma majestade. Ele até se esforçou para enfraquecer uma importante acusação feita contra ele: dizem que ele costuma fazer sermões tão complicados que ninguém mais o entende. Então, assim que chegou a Roma, seus sermões passaram a ser extremamente próximos do povo. E ele tinha todos os motivos para alimentar sua sede de vitória: Tarcisio Bertone havia lhe prometido que seria eleito. De qualquer maneira, Bertone tem um candidato substituto na manga, o brasileiro já há muitos anos cardeal da Cúria, Odilo Pedro Scherer – mas isso ele não diz a Angelo Scola. No entanto, Bertone não tem dúvidas de que exerce controle sobre a maioria absoluta dos cardeais; eles simplesmente devem eleger aquele que ele escolheu. Afinal, foi ele quem nomeou para os respectivos cargos a maioria dos 115 cardeais. Ao menos que... Bertone mal ousa terminar o pensamento. A não ser que precisamente agora eles lhe deem as costas e o traiam, como Judas fez com Jesus. Mas eles não farão isso, diz Bertone a seus simpatizantes. Eles deterão Bergoglio.

Entretanto, os cardeais percebem que há outro problema além da arrogância de Scola. Nem todos os italianos são unânimes quanto a ele. Pelo menos 28 desses cardeais não entram no conclave como um bloco fechado e coeso. Pelo contrário, eles parecem estar completamente desunidos. Muitos deles temem que Scola tenha se aproximado demais do antigo presidente da Lombardia, Roberto Formigoni. Em 16 de março de 2012, Formigoni, então presidente da Lombardia e sob suspeita de corrupção, reivindicou o apoio de Angelo Scola e exigiu que ele comprovasse sua integridade, depois de tudo o que Formigoni havia feito por ele. Pouco antes do conclave, em 12 de fevereiro de 2013, Formigoni foi acusado pelo Ministério Público de crime organizado. Pode-se eleger papa um homem que tem como amigo um político supostamente corrupto? A maioria dos cardeais é da opinião de que isso está fora de cogitação.

A quarta rodada de votações causa uma sensação. Angelo Scola não tem mais chances. Na apuração dos votos, o nome que ressoa pela Capela Sistina é um só: "Bergoglio", "Bergoglio", "Bergoglio"... Bergoglio alcança mais de setenta votos. A maioria está próxima de ser alcançada. Bertone é tomado por puro pânico, há suor em sua testa. Não pode ser. Para que ele tinha escolhido esses cardeais tão cuidadosamente? Certamente não para isso que acontecia ali!

Mais uma vez, Bertone tenta se acalmar; ainda há um fio de esperança. Bergoglio já não tinha roído a corda numa eleição papal em 2005? Naquela ocasião, ele havia conseguido quase quarenta votos, contra o favorito Joseph Ratzinger. E então, de repente, pediu aos cardeais para não votarem mais nele e desistiu. Até hoje ninguém sabe por que ele fez isso. Será que temia ser atingido por velhas acusações? Diz-se que, na época da ditadura na Argentina, em 1976, ele entregou às autoridades os padres jesuítas Franz Jalics e Orlando Yorio, ou seja, sua própria gente. Em consequência disso, Jalics e Yorio ficaram presos por cinco meses e foram torturados. Será que a intenção dele, com a desistência, era poupar a Igreja desse escândalo? Ou havia algum outro motivo? Teria ele hesitado em se colocar no caminho de Joseph Ratzinger, muito mais conhecido do que ele?

A maioria dos cardeais da Cúria sabe que Tarcisio Bertone realmente se agarra à última réstia de esperança. Dessa vez, Bergoglio disse claramente que aceitaria sua escolha como papa. Durante as congregações de cardeais, ele falou sobre o cumprimento de obrigações e explicou que isso também valia para ele, se Deus assim o exigisse. Mesmo que Bertone se recusasse a acreditar. Esse parece ser para ele o pior dos casos: Bergoglio não se opõe e de fato quer ser papa.

Mas ainda não é o fim. A quinta votação, contudo, pode fazer de Bergoglio papa. Agora tudo depende de Bertone conseguir evitar isso a qualquer custo. Apressadamente, os cardeais da Cúria tentam tirar da cartola mágica um candidato comprometido com seus interesses, qualquer um que seja, que consiga angariar o maior número de votos o mais rapidamente possível. O grupo ao redor de Bertone procura, porém, manter a calma. Os cardeais da Cúria dizem a si mesmos: "Nós deteremos Bergoglio, não foi de todo ruim o que nós fizemos no pontificado de Bento XVI. Nós temos suporte suficiente nas nossas próprias fileiras, o ódio contra nós não será assim tão grande". Mas era justamente aí que os piedosos senhores estavam enganados. Sobretudo com os onze cardeais dos Estados Unidos, dentre eles William Levada, que Bertone tinha como um amigo; e também com os cardeais da Alemanha, que não escondem querer impor Bergoglio. Bertone está cada vez mais desconfortável.

Jorge Mario Bergoglio teve muitos aborrecimentos com ele, sobretudo por causa de sua contenda com a presidente argentina Cristina Fernández de Kirchner. Na Secretaria de Estado, há uma série de homens que suam frio ao pensar em Bergoglio. O argentino não faz segredo do que pensa sobre Bento XVI ter comemorado seu aniversário com o senhor da guerra, George W. Bush, na Casa Branca, e tê-lo recebido poucos meses mais tarde com toda pompa no Vaticano. Aquele mesmo Bush que João Paulo II combateu com todos os meios disponíveis a fim de evitar a guerra no Iraque e no Afeganistão. Como Bento XVI pôde fazer isso? Não é mais segredo no Vaticano o que muitos cardeais sabem, dentre eles Jorge Bergoglio: que vários padres deixaram a Igreja por conta da alegre comemoração do aniversário do papa na Casa Branca com George W. Bush – devidamente planejada e arranjada pelo secretário de Estado Tarcisio Bertone.

Enquanto os votos da quinta rodada são apurados, a esperança dos cardeais da Cúria afunda a olhos vistos. "Bergoglio", "Bergoglio", "Bergoglio", ressoa novamente pela Capela Sistina. Os cardeais da Cúria quase não conseguem mais esconder seu desapontamento. Tarcisio Bertone simplesmente não pode entender. Logo Jorge Mario Bergoglio, que já parecia acabado para sempre, na América Latina, na sua ordem dos jesuítas, no aparelho da Igreja – será realmente esse homem quem vai ser imposto contra a vontade do bem-sucedido secretário de Estado? Um homem o qual a própria ordem havia destituído de suas funções de chefia como prior provincial e chefe dos jesuítas da Argentina, e que antes de sua nomeação como arcebispo não passava de um administrador de um reles casebre de retiro? Seria justamente esse homem quem varreria para fora alguém como ele, Tarcisio Bertone, que acreditava ter escrito a história mundial junto à Cúria?

Sim, seria ele mesmo. O resultado da quinta votação é uma catástrofe para a Cúria. Bergoglio recebe, inclusive, mais votos do que Ratzinger em 2005. Ao fim são 88; só trinta cardeais não votaram nele. Ninguém ajudou os cardeais da Cúria, ninguém se compadeceu deles.

"Foi um bumerangue para a Cúria", disse-me uma das pessoas mais íntimas de Bergoglio em Roma após a eleição. "A Cúria fez de tudo para detê-lo, chegou a rearranjar o colégio de cardeais de modo a impossibilitar a escolha de Bergoglio, mas eles exageraram tanto que mesmo esses cardeais, que deveriam impedir a eleição de Bergoglio, se esquivaram da Cúria, e por fim Bergoglio venceu. Apenas uns trinta cardeais não votaram nele."

A situação fica ainda pior para a Cúria, naquela quarta-feira. O chefe dos cardeais, cardeal Giovanni Battista Re, pergunta a Bergoglio se ele aceita a escolha. Ele aceita, e então dá uma resposta surpreendente à pergunta sobre qual nome quer adotar: "Francisco". Até então, nenhum papa tinha se chamado Francisco. Aquilo é uma bomba. Justamente um papa escolhe para si mesmo o nome do "pobrezinho de Assis". Que colossal bofetada isso significa para a Cúria! É o que fica claro para todos os que faziam parte do círculo de convidados que podia, no passado, participar das festividades da Cúria. O antigo secretário de Estado, cardeal Angelo Sodano, que marcou enormemente a Cúria, levou uma orquestra completa para a comemoração ostentosa nos jardins do Vaticano, quando assumiu o cargo. Os cardeais da Cúria, que tanto prezam suas limusines Mercedes Classe S, arrepiam-se ao imaginar o que o novo papa dirá em poucos minutos, diante dos fiéis.

Francisco é o primeiro papa da história a, depois de ser eleito papa, se recolher na capela de São Paulo para orar e só depois ir ao encontro dos fiéis. Mais de 200 mil pessoas se reuniram na praça de São Pedro, depois que se espalhou a notícia de que havia fumaça branca. A chuva encharcava a multidão. Contudo, pessoas não paravam de chegar à praça. Elas aplaudiram novamente quando a banda do Vaticano e os *carabinieri* apareceram. A fumaça branca subiu às 19h07 e já eram então quase 20h. Poucos minutos antes da aparição do novo papa, finalmente para de chover. Os italianos seguram bandeiras e faixas, festejando uma de suas estrelas, Angelo Scola ou Tarcisio Bertone. Os brasileiros não ficam atrás, contando que Dom Odilo Pedro Scherer, o cardeal de São Paulo, surgirá no balcão como o novo papa.

Mas então aparece no balcão da basílica de São Pedro o cardeal Jean-Louis Tauran e anuncia o que o mundo inteiro aguardava: *"Annuntio vobis gaudium magnum, habemus Papam!"* ("Eu anuncio a vós uma grande alegria: nós temos um papa!"). Em seguida, Tauran diz uma frase que parece durar uma eternidade, até que finalmente seja revelado o nome do novo papa: *"Eminentissimum ac Reverendissimum Dominum Georgium Marium…"* ("Aí está o prenome do novo papa: Georgius Marius"). Silêncio na praça. Como? Georgius Marius? Quem é que se chama assim? O favorito dos italianos chama-se Angelo, o outro do Canadá, Marc. Tauran teria que ter dito, então, *"Angelum"* ou *"Marcum"*. Tauran continua a falar, demora até que chegue ao sobrenome. Primeiramente, ele deve dizer o título,

"Santae Romanae Ecclesiae Cardinalem", e então, finalmente: "Bergoglio". A massa de fiéis que aguarda na praça e na rua que leva até ela, a Via dela Conciliazone, fica em silêncio. Estão atônitos. Georgius Marius Bergoglio. Mas quem é esse? Só bem na frente da multidão um grupinho agita uma bandeira, a bandeira nacional da Argentina. O cardeal Tauran continua: *"qui sibi nomen imposuit Franciscum"* ("que se auto-nomeou Francisco"). Agora, os aplausos ecoam na praça. Um colega perto de mim me olha, incrédulo. O primeiro papa na história a dar a si mesmo o nome de São Francisco. O primeiro papa na história da Igreja a vir da Companhia de Jesus. O primeiro jesuíta.

Francisco vem ao balcão e o mundo inteiro aguarda um gesto expressivo, mas o homem de Buenos Aires diz algo bastante corriqueiro, pelo qual ninguém esperava: *"Buona sera"* ("Boa noite"). Ele fala recatadamente, como se quisesse se desculpar por ter atrapalhado uma noite tranquila à frente da televisão. Zomba de si mesmo, como já fizera perante os outros cardeais na Capela Sistina, quando lhes disse esperar que "Deus os perdoe" por terem-no eleito a ele, Jorge Mario Bergoglio, novo papa. No balcão, ele diz, então: "Parece, meus irmãos, que os cardeais foram quase ao fim do mundo para me buscar". Nisso, ele decide fazer um gesto que nenhum de seus 265 predecessores jamais executara: ele não dá a bênção à multidão, mas pede a ela que invoque o Senhor para que Este o abençoe, ele, Bergoglio. Isso é inconcebível. Há mais de um milênio, as pessoas arriscam suas vidas para receber a bênção do papa em Roma, e agora um papa é que pede para que a multidão intervenha, para ser abençoado. "Em silêncio, vocês farão uma prece por mim." Depois disso, ele comete uma gafe semelhante àquela do grande Karol Wojtyla no dia de sua eleição, em 1978. Wojtyla quis dizer em italiano: "Se eu cometer um erro na língua italiana, vocês me corrigirão" – e cometeu um erro logo nessa mesma frase. Jorge Mario Bergoglio reza a Ave Maria e troca o italiano por espanhol. Ao invés de dizer "con te" ("contigo"), ele diz "con ti", como é em espanhol. No final, ele se despede como se fosse um velho padre de paróquia: "Durmam bem".

Agora, Roma vai ter que se acostumar à ideia de ter um papa que vai para a cama às 21h, mas que se levanta às quatro da manhã. Após a cerimônia, na frente do Palácio Apostólico, a pomposa Mercedes Classe S espera pelo papa – o carro que custa mais de 100 mil euros fora recebido de presente pelo papa Bento XVI. Mas o papa Francisco se recusa a embarcar nele e pega um ônibus com os outros cardeais. O secretário de Estado, cardeal Tarcisio Bertone, é obrigado a se sentar sozinho na chique limusine. Isso nunca tinha sido visto: um papa andando de ônibus, quem acharia isso possível?! Na praça de São Pedro, a multidão clama: "Fran-ces-co!", "Ber-go-glio!".

Naquele dia chuvoso, eu também estava em meio à multidão que festejava, e fiquei admirado com o que tinha acontecido ali. O balcão já estava há muito vazio, assim como o novo papa já estava há muito na Casa de Santa Marta. Eu só queria aproveitar mais um pouco do clima de júbilo. Meu celular tocava sem parar. Num certo momento, atendi as ligações e um sem-número de colegas queria saber a mesma coisa: "Por favor, me diga, como você sabia?! Como diabos você conseguiu adivinhar o dia e a hora em que o novo papa seria eleito?". Isso porque, naquela manhã, eu tinha dito à *Morgenmagazin*[1] da ARD[2]: "Esta noite nós teremos um novo papa". Todos me chamaram de louco. Ninguém tinha acreditado em mim; já no segundo dia de eleição, na quinta rodada, eu havia dito que o novo papa seria eleito. Um velho amigo dos EUA me ligou: "Confesse!", gritou ele ao telefone. "Algum cardeal do conclave soprou isso no seu ouvido, não é verdade? Diga quem foi." Eu não sabia o que responder. Eu só sabia que haveria uma revolução contra a Cúria, que a ira dos cardeais era tremenda, que um homem anti-Cúria surgiria. Eu não tinha ideia de quem seria esse homem, mas

1 Programa de notícias matutino. (N.T.)

2 Canal de televisão alemão. (N.T.)

estava convencido de que a ira contra a Cúria e a indignação entre os cardeais era tão grande que eles concordariam sem demora sobre o novo nome, e que a terra iria tremer.

Não recebi dica alguma, eu simplesmente sabia como tudo havia começado, o que levaria à escolha do novo papa. E tudo havia começado com o amor de um pai por seus filhos e uma escrivaninha – mas como eu poderia explicar isso a meus colegas?

A FATÍDICA ESCRIVANINHA

Mas esses acontecimentos – a renúncia do papa Bento XVI e a surpreendente eleição do papa Francisco – não tomaram seu curso, como muitos acreditam, por causa de uma energia criminosa de alguns traidores na Cúria. Só mais tarde se chegaria a isso. Em 12 de outubro de 2012, poucos meses antes de sua renúncia, Bento XVI se queixou da existência de "ervas daninhas" e "desculpas esfarrapadas" na Igreja. A desgraça que culminou no fim precoce do pontificado de Bento XVI começou não com energia criminosa, mas com amor paterno. Sem o cuidado paternal do antigo mordomo do papa, Angelo Gugel, por suas filhas, tudo teria sido diferente. Gugel é quem levaria a decisão de imensas proporções: aumentar de dois para três o número de escrivaninhas na antecâmara do papa.

Desde a Idade Média, existem secretários papais que guardam algo como a antecâmara do chefe da Igreja católica. O que varia é o número de secretários. O papa Inocêncio VIII (pontífice entre 1484 e 1492) dispunha de mais de 24 secretários apostólicos, que se ocupavam, entre outras atividades, de tomar conta dos numerosos filhos dele (diz-se que eram dezesseis). Dentre todos os secretários, o papa geralmente tinha um verdadeiramente próximo, chamado de *secretarius papae* ou *secretarius intimus*, que costumava ser um prelado no qual o papa depositava especial confiança. O papa Paulo II foi quem instituiu o posto durante seu pontificado, de 1534 a 1549. A partir de então, os papas passaram a nomear um parente próximo, frequentemente um sobrinho, para esse cargo. No período Barroco, era o cardeal-sobrinho, uma espécie de ministro presidente do papa, quem assumia o papel de secretário mais importante. Nessa época, essa prática foi fortemente criticada, e a ela remonta-se o termo "*nepotismus*" (nepotismo), usado até hoje.

A antecâmara do papa assumiu sua forma atual somente após a extinção do cargo de cardeal-sobrinho, no ano de 1692. Desde então, os secretários elaboram junto ao papa os documentos que a Secretaria de Estado e as diferentes congregações da Igreja enviam ao sumo pontífice. Todos os documentos importantes para o papa, tanto os privados quanto os documentos oficiais da Cúria, circulam sobre as escrivaninhas da antecâmara papal, no Palácio Apostólico.

Durante séculos, foram duas as escrivaninhas nessa antecâmara: uma do primeiro secretário e outra do segundo secretário do papa. Até que chegaram a Roma, vindo de Veneza, o mordomo Angelo Gugel e o papa João XXIII. Gugel é um homem de família, extremamente orgulhoso de suas três filhas (Raffaella, Carla e Flaviana). A Roma dos anos 1980 não era um lugar onde se encontrasse facilmente emprego para as moças bem educadas. Mas Angelo Gugel continuou a trabalhar no Vaticano como mordomo daquele que era o guia de cerca de um bilhão de católicos. O grande problema de Gugel era que ele passava bastante tempo sozinho com o papa e o ajudava a se vestir e a se despir, arrumava sua mala para as inúmeras viagens ao exterior e o servia à mesa. Mas ele estava excluído do centro do poder: a antecâmara do papa. E é a esse centro de poder que convergem todos os assuntos importantes e também informações sobre vagas no Vaticano – informações que poderiam ser do interesse de suas filhas.

Angelo Gugel tinha grandes planos: ele não queria empregar só uma de suas filhas no Vaticano, mas sim as três. Para isso, ele teria primeiro que conseguir acesso à antecâmara do papa. Sua insistência em ser o primeiro mordomo entre todos os anteriores a conseguir sua própria escrivaninha no centro do poder cumpriu-se, finalmente, com João Paulo II.

O mordomo Gugel pôs-se a trabalhar. Incansavelmente, mexeu seus pauzinhos, conduziu conversações, prestou atenção como um lince quando algo que poderia ser importante para ele passava por sua mesa na antecâmara do papa, e o projeto de sua vida acabou se concretizando: Raffaella Gugel conseguiu um emprego no Banco do Vaticano, Carla Gugel na administração da Congregação para a Propagação da Fé e Flavia Gugel no Departamento Central de Estatísticas do Vaticano.

Gugel foi sem dúvida bem-sucedido, mas deixou atrás de si uma herança fatal: a terceira escrivaninha na antecâmara do papa. Nessa terceira escrivaninha do mordomo estariam os documentos que o sucessor de Angelo Gugel, Paolo Gabriele, logo levaria em caixas para fora do Vaticano, atestando a corrupção ao redor do papa. Nessa escrivaninha, também estava uma carta que teria consequências catastróficas para o papa Bento XVI. A carta vinha dos EUA, de Washington, e fora escrita pelo honrado bispo Carlo Maria Viganò.

CORRUPÇÃO E LAVAGEM DE DINHEIRO NO VATICANO

A tragédia entra em curso no último dia de 2011: em 31 de dezembro, morre Dom Luigi Maria Verzé, com a abençoada idade de 91 anos. O carismático fundador do amplo Hospital de San Raffaele em Segrate, perto de Milão, foi por muitos anos um exemplo iluminado de um padre devoto. No entanto, pouco após a sua morte, rompeu-se o silêncio: funcionários e companheiros desabafam e revelam como o padre realmente era. Ele se valeu de métodos escusos para conseguir terrenos vizinhos aos do hospital, ameaçando e chantageando os proprietários que não queriam vender. Em 1976, Dom Verzé foi condenado à prisão por incitação à corrupção e, em 1988, por infração à lei de construção e desrespeito a alvarás. Mas esses crimes ainda eram pouco. O padre evidentemente tinha uma inclinação fatal à depravação. Após sua morte, surgiram as primeiras fotos que o mostravam em clima de festa numa piscina de um resort de luxo no Brasil – e não se tratava apenas de férias. O estabelecimento pertencia a seu império de "hospitais". Para não ter que passar pelos desconfortos de um voo comercial para o Brasil, o padre ainda viajou num jato particular, chegando comodamente ao seu resort.

A vida despreocupada do fundador de hospitais traz consequências nefastas: após sua morte, vem à tona a dimensão das dívidas do hospital – no total, cerca de um bilhão de euros. O hospital está falido. Mas o mais importante homem de confiança de Joseph Ratzinger, o cardeal Tarcisio Bertone, quer salvar o hospital e também a memória de Luigi Verzé, e sonha com a unificação de vários grandes hospitais da Igreja católica, dentre os quais a prestigiosa propriedade do Vaticano, a ampla clínica romana Agostino Gemelli.

O que se passou durante a tentativa de recuperação do hospital mostra nitidamente as desvantagens de uma "monarquia absoluta". Nesse regime, não se preenchem posições decisivas pelo critério da competência, mas sim por critérios muito particulares, como religiosidade, e, sobretudo, pela ligação pessoal com o monarca, ou seja, com o papa. Exatamente como em outras casas reais e principescas europeias, nos últimos séculos, quase nunca se trata do que pode ser feito na corte e quem é apto para isso. Tudo gira sempre em torno de uma pergunta: quão próximo eu sou do soberano?

Salvar um hospital exige grande perícia, é uma tarefa para especialistas. Entretanto, o plano para unificar os hospitais está desde o início de 2012 nas mãos do cardeal de 77 anos Tarcisio Bertone, um homem que, como padre, foi educado para preparar crianças de oito anos para a comunhão. Um homem que é versado em Teologia Moral, mas não na administração de uma grande clínica. Para conseguir colocar em prática seu plano de salvar o hospital San Raffaele, Bertone precisa de dinheiro, muito dinheiro. No mínimo 200 milhões de imediato, e depois mais 800 milhões. Arranjar esse dinheiro é naturalmente tarefa do Banco do Vaticano, o Istituto per le Opere di Religion (ou simplesmente IOR). O chefe do IOR é Ettore Gotti Tedeschi, um homem muito religioso, que pertence à Prelatura Pessoal da Opus Dei. Gotti Tedeschi tem uma vantagem inestimável: é amigo íntimo do papa. Bento XVI em pessoa buscou o banqueiro para o Banco do Vaticano, já há décadas abalado por escândalos.

É claro que o banqueiro sabe que sua tarefa mais importante consiste em financiar os projetos do Santo Padre. Anualmente, o Vaticano recebe entre 250 e 300 milhões de euros, graças, sobretudo, ao óbolo de São Pedro, as doações diretas mundiais feitas ao papa. Mas o Vaticano gasta aproximadamente a mesma soma, e o excedente do caixa do Estado costuma ser de não mais que cinco a dez milhões de euros.

A dinheirama dos gastos se concentra principalmente nos salários dos funcionários da rádio do papa, no Vaticano. A emissora custa ao papa entre 20 e 30 milhões de euros por ano. Com uma soma dessas, um homem como Ettore Gotti Tedeschi conseguiria fazer malabarismos, mas dele o cardeal Bertone não queria um ou dois milhões, e sim um bilhão. Para conseguir levantar tanto dinheiro, o Vaticano teria que faturar por mais de cem anos a quantidade excedente anteriormente mencionada (dez milhões de euros), o que é muito improvável, já que as entradas da Igreja têm retrocedido com o passar dos anos. Por isso, não é de se espantar que Gotti Tedeschi recusasse planos tão pretenciosos. O banqueiro quer sobretudo acabar com o mau hábito dos homens da Igreja de se servirem do Banco do Vaticano segundo suas vontades próprias, sem dar a menor atenção à transparência e às normas que todo e qualquer banco deve manter.

Esse modo de administrar trouxe ao Banco do Vaticano uma humilhação difícil de imaginar. O Moneyval, órgão de fiscalização da União Europeia, suspeitou que o Vaticano estivesse envolvido em negócios bancários ilegais e até mesmo em lavagem de dinheiro. Justamente o Vaticano, a cujo chefe se permite ostentar o pedante título de Vigário de Jesus Cristo, não consegue entrar para a "white list", a lista de países que efetivamente se opõem à lavagem de dinheiro. O vexame é estrondoso. O papa tenta incansavelmente convencer o mundo inteiro dos ensinamentos morais da Igreja católica, mas a Igreja nitidamente permite que criminosos se sirvam de seu banco sem serem incomodados. Gotti Tedeschi tem que dar um fim a essa situação insustentável. Ele se sente moralmente apoiado também pelo papa, que afinal o convocou pessoalmente, e não pode imaginar que, em janeiro de 2012, o combate às manobras criminosas dentro da Igreja se tornará uma fatalidade até para ele.

Nesse janeiro de 2012 existe ainda mais um homem que quer o mesmo que Ettore Gotti Tedeschi, ou seja, limpar a casa: o bispo Carlo Maria Viganò. Ele marcaria enormemente os destinos do Vaticano nesse ano. Normalmente, homens malquistos como ele são banidos da corte papal discretamente e sem consequências, e mandados para o mais longe possível. Porém, no caso de Viganò, essa prática historicamente tão bem-sucedida não teria sucesso.

Carlo Maria Viganò, nascido em 1941 em Varese, no norte da Itália, teve uma carreira de contos de fadas como diplomata do Vaticano. O que mais o enobreceu foi o fato de ter passado seu tempo como diplomata não em postos agradabilíssimos, com recepções regadas a champanhe, em bons países católicos, como a Espanha ou a Polônia, mas sim em países extremamente espinhosos, como a Nigéria, onde as tentativas de assassinatos contra cristãos e os ataques contra igrejas fazem parte da ordem do dia. Viganò viu também a parte triste do mundo, e isso o marcou profundamente. Desperdício, ostentação e egoísmo na Igreja não merecem sua compreensão.

Quando o papa Bento XVI o nomeia secretário-geral do Governo do Vaticano, muitos têm um mau pressentimento. Na verdade, os bispos da Cúria sempre fizeram pouco desse cargo de chefe supremo da administração do Vaticano porque o homem responsável por ele tem que lidar muito menos com o amado Deus e muito mais com o dinheiro. O secretário-geral não é de fato o chefe – esse é o governador –, mas naturalmente o trabalho é feito não pelo chefe, mas sim pelo secretário-geral. Ele tem que lidar com as agruras e os aborrecimentos mais terrenos dos homens de Deus. Trata-se de um sem-número de contratos e autorizações – como a gasolina genérica do papa estar disponível também no posto de abastecimento do Vaticano, o que faz uma família conseguir poupar, em um ano, mais ou menos o salário de um mês. Há ainda as negociações por aumentos de salários dos funcionários, a administração do volume gigantesco de imóveis do Vaticano, e, claro, compras e encomendas.

Um especialista em fornecimento de mercadorias de fama legendária era o cardeal norte-americano Edmund Casimir Szoka, chefe da administração da cidade do Vaticano de 1997 a 2006. Ele conseguiu negociar condições extremamente favoráveis para a provisão de carros ao Vaticano com a montadora norte-americana Ford. Desde então, a maioria dos funcionários do Vaticano que tem direito a um carro de serviço usa um Ford.

O bispo Renato Boccardo foi secretário-geral entre a primavera de 2005 e o verão de 2009. Eu conversei com ele sobre esse tema em várias ocasiões e também o entrevistei repetidas vezes. Boccardo nunca escondeu que essa é uma atividade estressante, porque muitos são os interesses a serem levados em consideração. Seu sucessor, Carlo Maria Viganò, relativamente jovem com seus 68 anos, em 2009, abraçou a função cheio de vigor. Estava previsto que ele ficasse pelo menos cinco anos no cargo, mas não permaneceu mais do que dois. Ele havia encontrado uma coisa pela qual não deveria ter procurado, pela simples razão de ela não dever existir: a corrupção na Igreja.

Num evento após sua nomeação, no outono de 2009, eu me lembro de Viganò ter dito que não toleraria mais o nepotismo no Vaticano. Nos primeiros meses de seu trabalho, ele quis impedir essa prática tão corrente que consiste em empregar parentes. Há séculos, as pessoas que abocanham um cargo no Vaticano continuam a tentar levar para a administração da cidade papal uma irmã ou irmão, um sobrinho ou primo – e geralmente conseguem. Mas, no decorrer dos anos 2010 e 2011, Carlo Maria Viganò viveu a experiência de descobrir que no Estado do papa há coisas de longe muito piores do que a liquidação de cargos: a corrupção em alta escala.

Os casos de corrupção quase sempre têm a ver com o mesmo mecanismo do nepotismo. O Vaticano é um dos maiores proprietários de imóveis na Itália. Por isso, muitos contratos para a manutenção ou restauração de prédios têm que ser feitos em nome do papa. Várias empresas trabalham há décadas para o Vaticano, muitas delas há mais de cem anos. Por isso, a concorrência é indesejada, o que leva o Vaticano a pagar demais por muitos trabalhos, e um grupo bastante poderoso de empresas gostaria que isso continuasse exatamente assim.

Contudo, Viganò não se deixa intimidar. Ele ignora os avisos de que as coisas poderiam acabar mal para ele. Em 2011, o bispo Viganò acaba por encontrar indícios claros de que de fato a corrupção havia se espalhado por todo o Vaticano.

Eu também conversei diversas vezes com homens que, mais ou menos abertamente, admitiram contribuir com o sistema corrupto no Vaticano e lucrar com ele. Todas essas pessoas tinham um sentimento de culpa bastante pequeno e eram simplesmente da opinião de que tudo deveria permanecer confortável, como sempre foi.

O trabalho de Viganò era obviamente do conhecimento de seus inimigos. Começa então uma luta marcada pela experiência de vida de Viganò. Na Nigéria, ele havia visto padres que lutaram na linha de frente e arriscaram suas vidas. Que no Vaticano, o quartel general da cristandade, reine a cobiça por dinheiro porque os homens da Igreja fecham os olhos no momento de uma contratação é algo que dá nos nervos do bispo.

Quando ele ignora com persistência todos os alertas, nada mais resta a seus adversários do que revidar. O sistema de corrupção no Vaticano atinge vários negócios, e Viganò sabe tanto que não é mais possível esconder dele as negociatas. A única saída, portanto, é fazê-lo ir embora. E para se livrar daquele homem, é preciso uma voz de comando da pessoa mais íntima do papa; o cardeal Tarcisio Bertone deve intervir. Como chefe da Secretaria de Estado, Bertone é o superior do diplomata puro-sangue Viganò. Com a anuência do papa, ele pode ser chamado de volta ao serviço diplomático e ser mandado para longe, bem longe.

O plano tem um enorme senão: Viganò nada fez de condenável e só está no cargo há dois anos. Seu antecessor, Renato Boccardo, permaneceu na função por quatro anos antes de ser afastado. E, já naquela época, a agência de notícias Adnkronos especulou sobre essa "mudança repentina" – um tempo de serviço de quatro anos era tido como algo incomum. Que tipo de rumor e de comentários surgiriam agora, se Viganò fosse substituído após meros dois anos? Está bem claro para seus adversários: o cardeal Tarcisio Bertone tem que transferir Viganò para bem longe e obrigá-lo a se calar. Só assim aquele homem indesejável evaporaria e a corrupção no Vaticano continuaria intacta.

Os inimigos de Viganò conseguem a proeza. Em 19 de outubro de 2011, o honesto bispo é transferido para longe e mandado para a terra do "tio Sam", Washington. É provável que todo esse caso se encerrasse com essa medida, se os opositores de Carlo Maria Viganò não tivessem deixado escapar uma coisa: o fato de ele ter permanecido apenas dois anos no cargo de secretário-geral gera especulações. Deve haver um motivo para Viganò ser removido tão rapidamente, dizem as pessoas, e surge o boato de que ele teria se servido do caixa papal. Isso exaspera tanto esse homem que só queria arrumar a casa que ele decide escrever uma carta. Foi provavelmente aí que começou o maior escândalo de espionagem do Vaticano em mais de cem anos. Cada bispo que se sente tratado injustamente tem o direito de se reportar diretamente ao papa, e foi exatamente isso que Carlo Maria Viganò fez. Ele escreve ao papa contando que fora expulso por ter descoberto corrupção no Vaticano e por desejar tornar isso público. Ele pede ao papa para que o deixe reassumir e continuar de onde tinha sido obrigado a parar. Seus inimigos na Secretaria de Estado, que quiseram mandá-lo para Washington, não poderiam sair ganhando.

O conteúdo da carta é tão explosivo que dificilmente o caso poderia ser superado. Viganò é de uma tamanha ousadia que apresenta o intocável melhor amigo e mais importante funcionário do papa, o cardeal Tarcisio Bertone, como um defensor de criminosos. A carta é uma bomba, e o mordomo Paolo Gabriele também entende assim. Há seis anos ele reúne secretamente importantes documentos do papado, mas com uma carta daquelas ele nunca tinha se deparado. Ele sabe que os jornalistas se matariam por uma carta assim, então faz uma cópia para si. Joseph Ratzinger guarda a original.

Diante da bomba, o papa Bento XVI só tem duas opções: ou despede seu homem de confiança, o cardeal secretário de Estado, por ter cometido um erro imperdoável, ou simplesmente abandona Viganò e o deixa vegetando em Washington, onde ele não representaria mais qualquer perigo para a gangue corrupta do Vaticano. O papa escolhe a segunda alternativa. Entretanto, cuida o destino (ou "o diabo", como mais tarde vai supor o cardeal Tarcisio Bertone, mas certamente não o amado Deus), que aconteça o contrário.

Em janeiro de 2012, a "Operação Viganò" parece ter acabado completamente. O bispo malquisto está afastado, e a corrupção pode continuar, como de hábito. A carta de protesto de Viganò não surtiu efeito, mas ninguém faz ideia de que justamente o mordomo tomaria posse dela. A despeito do pedido de Viganò, Bento XVI decide por não trazê-lo de volta. Visivelmente, Viganò é de fato tão íntegro quanto seus adversários temiam, pois em vez de se queixar da injustiça cometida com a conivência do papa, o bispo em Washington se cala e aceita seu destino, ainda que lhe pareça errado.

Mas então acontece o inimaginável: Paolo Gabriele não resiste à tentação e revela a carta aos jornalistas. No final de janeiro, o programa televisivo *La Sette* e o jornal diário *Il Fatto Quotidiano* publicam a carta secreta de Viganò ao papa e a intriga completa de repente se amplifica. Bento XVI e seu cardeal secretário de Estado aparecem como acobertadores de todos os criminosos que a corrupção fez florescer no Vaticano. O pior, naquele momento, é o peso de ser do conhecimento de todos que eles afastaram o homem que deveria ter arrumado a casa. O papa tem que admitir publicamente que relegou o bispo ao ostracismo.

Foi um desastre. A perda de prestígio mostrou o vasto e paralisante terror em que o Vaticano havia caído. Ninguém sabia o que fazer no caso de uma catástrofe daquelas e, principalmente, ninguém sabia onde poderia estar o vazamento. Assim passaram-se dez dias inteiros. Só em 6 de fevereiro de 2012 o Vaticano finalmente publicou seu posicionamento, sem no entanto conseguir elaborar uma justificativa verdadeira. E como poderia? Como explicar que um bispo sério, que estava descobrindo casos de corrupção, havia sido expulso? No fundo, só restava ao cardeal secretário de Estado insistir em afirmar que a posição de núncio em Washington é um cargo conceituadíssimo para um homem da Igreja. Mas isso não explicava o desejo de Viganò de caçar bandidos no Vaticano e não ocupar aquele cargo teoricamente tão prestigiado. Isso, o cardeal secretário de Estado não conseguia explicar.

Em fevereiro de 2012, o Vaticano cometeu um erro que revelou o peculiar modo de pensar de uma monarquia absoluta. A intenção foi colocar trancas na porta depois de seu arrombamento; o mundo inteiro já sabia que o Vaticano tinha expulsado o bispo que queria combater a corrupção. Numa democracia, como a experiência ensina, a opinião pública teria exigido que o mal fosse cortado pela raiz, ou seja, que a corrupção finalmente fosse combatida. Mas não é o que acontece no Vaticano. O que acontece é um completo absurdo: o Vaticano decide sair à caça das pessoas que levaram ao conhecimento público o banimento de bispos que ousam combater a corrupção.

O Vaticano reclama aos quatro ventos que o papa havia sido espionado. Assim, o Ministério Público italiano aceita conduzir as investigações – a espionagem de um chefe de Estado é um risco para o próprio Estado, e pode ser punida com até trinta anos de detenção. Trata-se afinal da suspeita de que alguém de fora, portanto de fora da Itália, tenha espionado o papa. E, a partir desse ponto, os preparativos para a caçada aos espiões parecem ter caído completamente no esquecimento, o que de fato ocorreu. A revelação da carta de protesto de um bispo banido que expôs à vergonha a corrupção no Vaticano deveria ter sido suficiente para que o papa agisse contra a corrupção. Em vez disso, a Cúria fez de tudo para apanhar justamente aquele que tentara revelar práticas criminosas no Vaticano e na Igreja.

Bento XVI toma uma decisão que nunca fora tomada por um papa desde o surgimento do Estado do Vaticano, pelo Tratado de Latrão, em 1929: pela primeira vez, um papa institui uma espécie de "Comissão Agente 007", um autêntico departamento antiespionagem. O presidente da comissão seria o cardeal da Opus Dei Julián Herranz Casado (*1930), considerado duríssimo. Ele seria assistido pelo cardeal eslovaco Jozef Tomko (*1924), cuja vantagem era conhecer a Cúria como a palma de sua mão, e também pelo cardeal Salvatore De Giorgi (*1930), já há muitos anos bispo de Palermo. O papa foi obrigado a aceitar a convocação de De Giorgi para essa comissão de agentes da Igreja. Corre à boca pequena que De Giorgi se dispôs a promover um complô contra o papa. Sua nomeação significava que o papa manifestava expressamente sua confiança na Cúria. Esses três cardeais deveriam identificar a fonte do vazamento no Vaticano. O dossiê desses três cardeais que, no início do conclave, tinham entre 82 e 89 anos, serviria de alicerce para o pontificado de Francisco.

O dossiê de trezentas páginas apresentado ao papa no final de fevereiro de 2013, pouco antes do começo do conclave, contém tanto material explosivo que Bento XVI decide repassar os resultados a seu sucessor. Ele também é o reconhecimento de uma derrota. A maneira como Bento XVI entendeu e exerceu o ofício de papa – como um papa extremamente fraco perante a Cúria – não deu bom resultado. Com uma força profética, Joseph Ratzinger predisse no Coliseu, na quarta-feira de cinzas de 2005, quando seu predecessor João Paulo II já lutava contra a morte, o que o próximo papa teria que efetuar: varrer a sujeira da Igreja.

Naquela ocasião, todos os observadores se admiraram por Joseph Ratzinger, que naquela noite representava o papa moribundo, ter empregado palavras tão fortes. Que Ratzinger sabia do que falava não resta a menor dúvida. Como chefe da Congregação para a Doutrina da Fé, todas as infrações graves dos padres, incluindo os casos de abuso sexual, eram de sua responsabilidade. Por essa razão, ao ser surpreendentemente eleito papa, em 16 de abril de 2005, muitos na Cúria acreditaram que ele agiria energicamente para varrer a sujeira que ele mesmo expusera.

Mas Ratzinger não pôde fazer o que precisava ser feito. Ele admitiu seu fracasso em 11 de outubro de 2012, exatamente diante dos jovens da Ação Católica da Itália, vindos em procissão até a sua lendária janela com vista para a praça de São Pedro. O papa disse: "Nesse dia, há cinquenta anos, eu também estive aqui nessa praça, com o olhar voltado para essa janela, onde o 'bom papa', o santo papa João XXIII, nos disse palavras inesquecíveis – palavras cheias de poesia, cheias de bondade, palavras que vinham do coração. Nós estávamos felizes, eu diria – e cheios de empolgação. Nesses cinquenta anos, nós aprendemos que o pecado original existe e sempre se manifesta em pecados pessoais, que também podem se tornar estruturas do pecado. Nós vimos que nos campos do Senhor há sempre ervas daninhas. Nós vimos que na rede de Pedro também há peixes ruins. Nós vimos que a fraqueza humana também está presente na Igreja, que o barco da Igreja também veleja contra o vento em tempestades que o ameaçam, e amiúde nós pensamos: 'O Senhor dorme e nos esqueceu'".

Como devia ser grande a solidão do papa Bento XVI para proferir uma sentença tão arrasadora! Ele sofreu uma derrota difícil, porque os três cardeais investigadores simplesmente não descobriram o que ele esperava. O papa da Baviera acreditara que o roubo de seu mordomo Paolo Gabriele havia sido uma ação isolada, de difícil compreensão, e que todo o resto do governo da Igreja, a Cúria, permaneceria firme e leal e, acima de tudo, seria inocente. Mas não foi assim. Com isso, os fundamentos para o pontificado de Francisco estavam prontos.

O CASO GABRIELE E SUAS CONSEQUÊNCIAS

Sempre estimei Paolo Gabriele, e devo admitir que nunca pensei nele como um espião. Se tivessem me perguntado, eu teria respondido: de jeito nenhum. Mais ainda, eu teria descrito Paolo, Paoletto para os íntimos, como um exemplo de lealdade e devoção à Igreja e ao papa. Minha avaliação positiva se devia ao simples fato de que Paolo Gabriele em geral não me ignorava. Seu antecessor, Angelo Gugel, era dono de um temperamento semelhante ao do lendário chefe de polícia do papa, Camillo Cibin. Dizia-se que esses dois eram de uma reserva absoluta e embaraçosa, que nunca respondiam a uma pergunta e nem ao menos a um cumprimento. Quando se dirigia a Cibin ou a Gugel um "Buongiorno, come va?" ("Bom dia, como vai?"), eles baixavam a cabeça como que indignados pela indiscrição da pergunta e saíam calados, pisando duro. Inúmeras vezes, vi Gugel distribuir medalhas de recordação a participantes de audiências e já passei horas com ele no corredor, em frente à biblioteca do papa, mas nossas conversas nunca foram além de um aceno de cabeça.

Tudo isso mudou com Paoletto. Ele parecia ser um rosto novo, humano e fresco na corte papal – a começar por ser pai de três crianças pequenas. Ele morava no Vaticano com sua simpática esposa, e eu me alegrava a cada vez que via a jovem família atrás dos muros do Vaticano, passeando ou fazendo compras no supermercado local, porque eu pensava que fazia muito bem ao Estado dos velhos homens ver com o que uma família com três filhos pequenos tem que lidar. Paolo era tão correto quanto Angelo Gugel, mas não tão inacessível. Quando o papa fazia um sermão e Paolo ficava em pé aguardando em algum lugar até que tivesse que levar um guarda-chuva ou um sobretudo para ele, nós travávamos conversas bastante corriqueiras sobre nossos filhos, sobre futebol ou sobre os restaurantes ruins nos arredores do Vaticano.

Na primavera de 2012, quando os primeiros documentos secretos vazaram do escritório do papa, eu jamais teria apostado que Paolo estivesse por trás do complô. Quando o pseudônimo do espião, "Maria", se tornou conhecido, eu pensei mais num cardeal velho, traidor, e não em Paolo. Foi o primeiro secretário do papa, monsenhor Georg Gänswein, quem desmascarou Paolo, em 25 de maio de 2012, e cuidou de sua detenção. No livro *Sua Santidade*, do jornalista Gianluigi Nuzzi, Georg Gänswein descobriu um documento que só conseguiria chegar a público por meio dele mesmo, Gänswein, do segundo secretário, Alfred Xuereb, ou de Paolo Gabriele, já que somente os três tinham acesso àquela carta e às três escrivaninhas na antecâmara do papa. "Não fui eu quem vazou essa carta e não creio que tenha sido Alfred, portanto, só pode ter sido você", deve ter dito Gänswein.

A batida feita na casa de Paolo Gabriele encontrou caixas contendo os documentos roubados. Ele ficou preso até 21 de junho de 2012, depois foi enviado de volta à sua família e recebeu permissão para cumprir pena domiciliar. Em 6 de outubro de 2012, o tribunal do Vaticano o condenou a dezoito meses de prisão por roubo grave, e ele começou a cumprir a pena na cadeia do Vaticano. Em 22 de dezembro de 2012, o papa Bento XVI o visitou na cadeia, concedeu o perdão a ele e providenciou sua soltura imediata.

O papa ficou abalado até os ossos com o que havia ocorrido. O mordomo papal não é simplesmente um funcionário comum, que faz seu trabalho e é pago por isso. O mordomo é quase um membro da família do papa, ele é quem o ajuda a se vestir e se despir, participa de festas e assiste aos momentos privados nos quais o papa por fim não é o papa, mas sim um homem velho e cansado. Paolo era como um filho para Bento XVI, e por isso essa traição pesou tanto. Infelizmente, não se confirmou a esperança de que esse caso terrível pudesse ser reduzido a um único agente, a um roubo peculiar na antecâmara do papa feito por Paolo Gabriele. Os "cardeais 007" do papa descobririam tanta coisa mais que a traição de Paolo Gabriele pareceria uma ofensa pequena, em comparação ao abismo que tinha se aberto, como nunca acontecera antes na Cúria. Isso chocou os cardeais que se encontraram em março para o conclave, porque eles agora sabiam o quão alastrada estava a corrupção e as intrigas no seio da Igreja, assim como sabiam que precisavam encontrar na eleição do sucessor de Bento XVI um homem que deveria ser apenas uma coisa, acima de tudo: um papa forte.

O papa Bento XVI parece ter agido de forma consciente, no sentido de ser um papa fraco, cedendo em muitas decisões cruciais. Seu único interesse era atuar como teólogo, e não se aventurar em competências que não possuía. Esse era o plano, mas não funcionou. Em vez de retirar da alçada do papa certas decisões, favorecendo-o e facilitando seu trabalho, a Cúria simplesmente o enganou. Esses também foram antecedentes que levaram à eleição de Jorge Mario Bergoglio. Bergoglio podia ser considerado uma pessoa geniosa, mas que ele se dobraria perante decisões difíceis ou se esconderia era uma acusação que certamente não se podia fazer contra ele.

PAPA FORTE, PAPA FRACO

A eleição do papa Francisco já começou marcada por grande dramaticidade, pois há séculos não se manifestava um campo de tensão desses entre um papa extremamente forte e um sucessor imediato extremamente fraco. Por isso é que a escolha do novo papa não estava ligada somente à pergunta sobre quem deveria ser o novo chefe da Igreja, mas também – e sobretudo – à maneira como a função papal deveria ser exercida. Mas ao menos em um ponto o conclave para a eleição do papa Francisco estava de acordo: o experimento com o intelectual Joseph Ratzinger não tinha dado certo. Era preciso escolher novamente um homem que soubesse esmurrar a mesa. Esse foi um dos critérios decisivos para a escolha do papa Francisco.

A história do papa forte da Polônia tinha começado ao telefone. Só muito tempo depois da morte de Karol Wojtyla é que o episódio sobre o qual ninguém ousou falar enquanto ele era vivo foi revelado. Quem me contou foi o cardeal Giovanni Lajolo (*1935), dono de uma carreira exemplar na Secretaria de Estado, antes de ter sido proscrito ao Governo do Vaticano. "Eu estava na Secretaria de Estado, com muitos outros, quando o telefone tocou e o secretário de Estado, cardeal Casaroli, atendeu. Era o papa João Paulo II, berrando de tal maneira com Casaroli que a Secretaria inteira podia ouvir. Aí Agostino Casaroli desligou, pálido como um defunto. Um incidente assim nunca tinha acontecido na Secretaria de Estado. Ninguém se lembrava de ter havido algo parecido com Paulo VI, João XXIII ou Pio XII – um papa que tivesse gritado pra valer com o segundo homem da hierarquia. Mais tarde, João Paulo II ligou para pedir desculpas, mas àquela altura todo mundo já sabia o que tinha acontecio."

Mas o que tinha ficado bem claro para todos é que o ocupante do Palácio Apostólico não era um fraco, muito pelo contrário. Ali morava um "papa Rambo", um homem que atravessaria a parede com a cabeça, se fosse preciso, um homem que não deixava dúvidas de que era o chefe – e qualquer um que não levasse isso a sério podia contar com muitos dissabores.

Diante de um papa assim, o Vaticano passou mais ou menos três décadas em autêntico choque, sem exagero. Após a eleição do cardeal de Cracóvia, a Cúria não tinha a menor dúvida sobre um ponto: Karol Wojtyla não daria a menor chance para qualquer oposição ao governo da Igreja. A Cúria tinha absoluta certeza de que faria com esse papa o que quisesse, pois João Paulo II não tinha sequer noção de como ela funcionava – uma sina que o papa Francisco dividiria com ele. Ali, ele não tinha amigos, não tinha homens de confiança, estava completamente desprotegido. Ele tinha vindo de longe, da Polônia, sem qualquer experiência na Corte papal, em Roma. Parecia inevitável que ele acabasse confiando na Cúria e se deixasse guiar por ela. Mas o que acabou acontecendo foi exatamente o contrário, e muitos cardeais da Cúria nunca mais se recuperaram do furacão em que Karol Wojtyla os atirou, até serem eliminados de seus cargos.

O problema central da Cúria consistia no fato de João Paulo II, por meio de suas 104 viagens ao exterior, ter tornado supérflua a mais importante instituição do Vaticano, a Secretaria de Estado. Por séculos, ela é que tinha cuidado das relações com os outros países, tinha escrito cartas, conduzido conversas em nome do papa. Nessas conversas, discutia-se se as crianças receberiam aulas de religião católica, se a Igreja católica romana podia comandar hospitais, jardins de infância e asilos nos países em questão, e outros problemas semelhantes. Mas então João Paulo II chegou ao poder no Vaticano e decidiu cruzar o mundo de lado a lado. Em vez de se contentarem com uma carta vinda da Secretaria, a maioria dos chefes de Estado preferia falar diretamente com o papa, o que o agradava. Mas isso foi algo que tirou poder da Secretaria de Estado e provocou demissões.

Bento XVI não fez uma mudança discreta nesse estado de coisas. Pelo contrário, ele resolveu fazer exatamente o oposto de seu antecessor. Em vez de se envolver um pouco menos, ele simplesmente se retirou. Ratzinger, o teólogo, tivera experiências amargas quando tentou se envolver na política e, sobretudo, na política da Igreja. O poder de seu próprio cargo foi tão diminuído que, mesmo durante a grande crise de seu pontificado, a Secretaria de Estado decidiu e agiu sem informá-lo, sem sequer pedir sua opinião. Eu não sei se já houve antes, na história do papado, um papa politicamente tão enfraquecido.

O papa Francisco está agora diante do desafio de ter que limpar a Cúria com uma vassoura de ferro e implementar reformas fundamentais. Ele terá de ser um papa forte, exercendo principalmente essa força dentro de seu governo e seguindo um caminho semelhante ao de João Paulo II, que logo de início precisou colocar ordem na casa, no seio da Cúria, para se fortalecer – e muito, fora dela.

A Secretaria de Estado também será decisiva para o papa Francisco em sua luta pelo poder. João Paulo II aceitou isso como a função mais importante no Vaticano. Já para Bento XVI esse foi um ponto de enfraquecimento. João Paulo II entendeu desde o princípio que não era possível manter a paz com a Secretaria de Estado, que precisava ganhar essa guerra – ou estaria acabado. E Karol Wojtyla não era um homem que gostava de perder. Foi o que a Secretaria de Estado aprendeu dolorosamente, nos anos seguintes.

Naquela época, reinava no Vaticano um medo explícito do vasto império de Moscou. Mais tarde, muitos quiseram esquecer disso, mas a Guerra Fria também acontecera no Vaticano. Nos anos 1950, a KGB introduziu espiões disfarçados de padres no chamado Collegium Russicum, proximo à igreja Santa Maria Maggiore, em Roma. O

Vaticano revidou e armou uma contraespionagem que conseguiu identificar vários agentes da KGB. Entretanto, apesar de sucessos isolados, o Vaticano estava possuído pela ideia de que jamais ganharia uma real desavença contra Moscou. Mais tarde, um movimento de aproximação com as posições de Moscou determinou a política externa do Vaticano – um movimento feito de compromissos e concessões ao império soviético. A postura quase submissa a Moscou, por parte dos papas anteriores, os conduziu a erros catastróficos, como o acordo de 1964. Uma falha grave de Agostino Casaroli foi ter consagrado como bispos três conhecidos agentes secretos do partido comunista na Hungria. Foi uma catástrofe, e a consequência foi o partido comunista conseguir desmontar a Igreja católica na clandestinidade e inúmeros padres acabarem em campos de prisioneiros.

Então surgiu Karol Wojtyla. Usando todo seu poder, ele estabeleceu sua linha de total confrontação a Moscou, opondo-se à Secretaria de Estado de tal forma que saíram faíscas. Com João Paulo II, a mesma Secretaria de Estado que enfraqueceria Bento XVI foi obrigada a aceitar a humilhação de não ser mais incluída nas decisões importantes. O que os cardeais da Cúria achavam disso simplesmente não interessava Karol Wojtyla.

O duro posicionamento do papa João Paulo II contra seu próprio secretário de Estado ficou especialmente claro quando ocorreu o conflito mais importante de todos para ele: o da Polônia. Desde o assassinato do padre Jerzy Popielusko, simpatizante do *Solidariedade*, por funcionários do serviço secreto polonês, em outubro de 1964, as negociações entre o Vaticano e a Polônia foram tais que mais parecia que a terra natal do papa estava em um autêntico estado de guerra contra o Vaticano. Karol Wojtyla prejudicou o regime como pôde. Em todo o bloco oriental sabia-se perfeitamente que o Vaticano tinha um papel decisivo na guerra pela Polônia. O chefe de Estado da Alemanha Oriental, Erich Honecker, escreveu desconsolado a Moscou, temendo que "a Polônia socialista pudesse estar perdida".

Nessas conversas, em parte gélidas, em parte calorosas, entre Wojtyla e os negociadores poloneses, cada lado excluiu seu próprio secretário de Estado ao simplesmente mudar o idioma. Em vez de continuar a falar em francês com a delegação polonesa, de modo que o secretário Casaroli ao menos tivesse ideia do que estava sendo dito, Karol Wojtyla decidiu falar em polonês, de repente e sem aviso – e o cardeal secretário de Estado não entendeu mais uma palavra. Isso deve tê-lo irritado tanto que ele começou a aprender polonês escondido de seu chefe – pelo menos foram encontrados livros didáticos de polonês na sua casa, após sua morte. As circunstâncias da demissão de Casaroli mostraram o quanto a Cúria se enganara: ele seria o único cardeal secretário de Estado do século XX a não pedir ao papa para ficar no cargo depois de ter atingido a idade limite.

O curso da confrontação total finalmente se estabeleceu. As viagens do papa à Polônia, a ascensão do sindicato *Solidariedade*, a primeira mesa redonda do bloco oriental em Varsóvia e, por fim, a queda do muro de Berlim representaram um triunfo da política do papa João Paulo II. Ele saiu vencedor do braço de ferro com a Cúria, conseguindo controlá-la. E quando julgou necessário, também deu alguns gritos.

Com sua autoridade como papa, Wojtyla contribuiu para a derrota do enorme império de Moscou. Mas isso também lhe trouxe uma crítica massiva. No mundo todo, bispos se rebelaram contra o papa forte, exigindo mais participação nas decisões. O termo "colegiabilidade" se tornou uma expressão popular de crítica a João Paulo II. Os bispos acusaram-no de tomar para si o controle de tudo, tirando a liberdade de ação das igrejas locais. Após décadas de repressão pelo papa, a Cúria já não ousava mais dar um pio. Mesmo em casos extremos, João Paulo II ainda se impunha, inclusive quando já estava severamente doente e com a Cúria inteira contra ele, como em maio de 2001. Ele cismou que queria ser o primeiro papa da história a rezar em uma mesquita, a Mesquita dos Omíadas, em Damasco. E os cardeais não queriam ter um papa rezando em uma mesquita. Esse não era ainda o único problema: a casa real saudita, que se via como protetora dos locais sagrados do Islã, também não queria. Apesar disso, Karol Wojtyla realizou sua vontade, recorrendo à astúcia – a mesquita fica sobre o provável túmulo que abriga a cabeça de João Batista.

Contudo, não foi nem o peso da atuação do pontificado de João Paulo II nem sua força que atuou para uma eleição prévia do papa Francisco, mas o incrível contraste do sucessor em relação a João Paulo II. A começar pelas primeiras palavras – o lema do pontificado de cada um –, que não poderiam ser mais diferentes entre si. Pouco depois de sua eleição, João Paulo II anunciou: "*Non abbiate paura*" ("não tenham medo"). Naquela época, as pessoas em Roma tinham a impressão de que toda a cristandade podia se abrigar atrás da ampla cruz do papa e que ele defenderia cada um dos mais de um bilhão de católicos deste mundo. Obviamente, essa mensagem servia de maneira especial às pessoas atrás da chamada Cortina de Ferro. O interesse de Karol Wojtyla era lhes dizer que não tinha se esquecido delas só por ter se tornado o bispo de Roma. O tal "Não tenham medo" provou-se extremamente eficiente, porque deu coragem aos católicos do leste europeu para se levantarem contra as ditaduras em seus países.

Já a primeira fala de Joseph Ratzinger representava o contrário disso: ele disse ser apenas "um simples trabalhador na vinha do Senhor". Nada sobre o medo que os católicos não precisavam mais ter. Ratzinger era um simples trabalhador na vinha do Senhor e não poderia defendê-los! Uma das causas de o pontificado de Bento XVI ter estado desde o início no caminho errado foi a sua incapacidade política atestada publicamente pelo homem mais importante ao seu lado, o cardeal secretário de Estado Angelo Sodano, por ocasião da entrada da Turquia na União Europeia. Desde o início de seu pontificado, Bento XVI se manteve afastado da política. Os senhores da Secretaria de Estado mal conseguiam acreditar, era como ressuscitar. Eles estavam novamente lá, eles desempenhariam um papel novamente.

A prévia do fracasso político do pontificado de Bento XVI aconteceu na primavera de 2006. Em todos aqueles anos de Vaticano, ele só fizera dois amigos de verdade, nos quais podia confiar totalmente: seu antigo secretário, Dom Joseph Clemens, e seu colaborador de muitos anos na Congregação para a Doutrina da Fé, Tarcisio Bertone. Bertone é um padre salesiano, conhece bem as pastorais e sabe que a participação de jovens nas missas garante aplausos. Ele havia feito um bom trabalho na Congregação para a Doutrina da Fé, mas de política e diplomacia ele não tinha a menor ideia. Ele nunca havia trabalhado na Secretaria de Estado, e o pior de tudo é que ainda precisava lutar contra sua má reputação. O cardeal Tarcisio Bertone é um grande fã de futebol e, no passado, foi comentarista de futebol na sua diocese de origem, em Gênova. Ele se referiu várias vezes ao cardeal Ratzinger como o "Beckenbauer da Teologia". Mas como levar a sério um comentarista de futebol que deveria cumprir a reverenciada função de secretário de Estado do Vaticano, o mais importante homem da hierarquia que cerca o Vigário de Cristo?

Mas Bento XVI despreza todas as advertências e, em 22 de junho de 2006, nomeia Bertone secretário de Estado. Dentre todas as barreiras as quais Bertone tem que contornar, está a falta de domínio da língua inglesa, exigência do diplomata supremo e chefe da política externa e que, dada sua idade avançada, algo que ele não quer mais aprender. Porém, Bertone tem uma vantagem: ele goza da confiança absoluta do papa, e no Vaticano nutre-se a esperança de que essa relação compense as desvantagens. Mas não será assim. A armadilha já tinha sido armada, e Bento XVI já não conseguiria mais escapar dela. No começo de seu pontificado, em 2006, ele tinha muito respeito pelo cardeal Angelo Sodano, cardeal secretário de Estado desde 1991. Por isso, Ratzinger o encarrega dos assuntos ligados à política sem interferir em nada, mantendo a autonomia de Sodano em tais assuntos.

Quando seu amigo Tarcisio Bertone assume a função, Bento XVI também não se intromete porque tem a sensação de que a política do Vaticano estava em boas mãos. Bento XVI deixa passar algo muito, muito importante para qualquer papa: ele não se posiciona claramente ao lado das pessoas. Um papa tem um lugar nítido a ocupar ao lado dos fracos, dos pobres, daqueles que foram deixados sozinhos. Seu sucessor, Jorge Mario Bergoglio, mostraria com poucos gestos, mas de modo drástico e claro, como isso pode ser feito. Vale dizer que João Paulo II já havia dado uma amostra de como é que se faz, se posicionando contra os regimes comunistas da Europa oriental, ficando ao lado dos ameaçados de prisão, dos que passavam fome, dos explorados. João Paulo II se sentia como seu defensor, pois essa era sua mensagem: não tenham medo.

A primeira chance de passar um sinal semelhante aparece para o papa Bento XVI em maio de 2007. Está agendada a primeira viagem à América Latina, o continente da esperança. O Brasil tem que lutar contra uma mudança colossal: as pessoas abandonam em bandos a Igreja católica rumo às igrejas independentes. Num período de trinta anos, em uma única geração, a Igreja católica perdeu um terço de seus fiéis. Contudo, ainda há 120 milhões de católicos naquele país gigantesco. Muitos deles são paupérrimos, vivem em favelas, em condições subumanas. Como se colocar na América do Sul, ao lado das pessoas, é o que Karol Wojtyla tinha mostrado, com um gesto realmente incrível: ele visitou um bairro pobre do Rio de Janeiro, que fica a apenas algumas centenas de metros de um hotel de luxo e da famosa praia de Copacabana. Diante daquela pobreza inacreditável, o papa deu de presente a uma mãe solteira e seus filhos o seu anel com o selo papal, o Anel do Pescador. Aquilo foi um escândalo, pois algo assim nunca tinha acontecido antes. O Anel do Pescador é o símbolo da autoridade papal e deve obrigatoriamente ser destruído após sua morte. Dá-lo de presente parecia inconcebível. Ainda que a Cúria o repreendesse por anos a fio por causa desse gesto, ele provocaria uma impressão fortíssima nos latino-americanos, pois significava que o sumo pontífice os apoiava, que ele não os abandonaria, que ele lhes tinha presenteado com a única coisa de valor que trazia consigo. A partir desse dia, todas as seguintes viagens de João Paulo II à América Latina lhe trariam momentos de glória.

As exigências da viagem de Joseph Ratzinger ao Brasil eram bem semelhantes às da época de Karol Wojtyla. Bento XVI quis encontrar crianças e adolescentes dependentes de drogas. Um projeto cofinanciado pelos cantores sacros da Alemanha daria ao papa a oportunidade de se encontrar com essas pessoas, perto de Aparecida, em São Paulo. Elas eram tratadas como párias da sociedade. Aquele deveria ser um lindo encontro, na Fazenda da Esperança, mas Bento XVI confiou demais em sua fé. A mensagem que ele deveria ter transmitido era: "Eu estou com vocês todos os dias, eu estou próximo a vocês, eu jamais esquecerei sua luta diária. Eu me envergonho por seus filhos serem subnutridos, assim como me envergonho por não ter feito mais por vocês". Mas, em vez disso, o papa defendeu sua crença com obstinação, sem admitir os erros da Igreja. Ele disse: "Mas que significado teve a aceitação da fé cristã para os países da América Latina e do Caribe? Significou conhecer e aceitar Cristo. Cristo, o Deus desconhecido que seus antepassados buscavam sem saber nas suas ricas tradições religiosas. Cristo era o Salvador pelo qual eles ansiavam em seu silêncio".

Quando ouvi isso, naquela época, pensei ter levado um soco. Como o papa podia dizer uma coisa assim? Nem foi isso o que aconteceu! De maneira alguma os primeiros habitantes da América Latina estavam sentados nas suas cabanas e ansiavam em silêncio por Cristo. Eles foram massacrados pelos espanhóis e portugueses e cristianizados à força. Foi isso o que aconteceu, não houve espaço para ânsia silenciosa. E Bento XVI ainda continuou: "De fato, a divulgação de Jesus e seu evangelho não trouxe consigo, em época alguma, um afastamento das culturas pré-colombianas, e também não foi a imposição de uma cultura estrangeira. Culturas verdadeiras não se encerram em si mesmas nem ficam paralisadas em um certo momento da história; elas se abrem e, sobretudo, buscam o encontro com outras culturas e esperam chegar à universalidade nesse encontro e no diálogo com outros seres e com os elementos que possam conduzir a uma nova síntese na qual se respeite a multiplicidade de expressões e sua concreta realização cultural".

Então as culturas da América Latina procuravam um "diálogo"? Mas que tipo de diálogo foi esse em que os católicos caçaram os primeiros habitantes como animais, os estupraram, passaram anos se debatendo em torno da pergunta sobre serem eles realmente seres humanos? Esse massacre era a síntese de culturas à qual o papa se referia? Por que ele simplesmente não assumia que a Igreja católica cometera erros imperdoáveis durante a cristianização da América? Por que ele não pedia perdão e estendia a mão ao povo da América Latina? A reação ao seu discurso foi um protesto aos gritos: o presidente venezuelano da época, Hugo Chávez, exigiu desculpas. "Como o papa pode dizer que a evangelização não foi à força? Por que então nossos ancestrais fugiram para a selva e para as montanhas? Como chefe de Estado, mas com a humildade de um camponês venezuelano, eu peço ao papa que se desculpe." O papa sofreu uma dura derrota. Seu lugar é ao lado dos pobres, dos fracos e dos oprimidos. Não se trata de ter razão e de explicar a cristianização da América do Sul, mas de se posicionar ao lado das pessoas e sobretudo daquelas que realmente precisam de seu auxílio.

A escolha do papa Francisco mostra agora que os cardeais entenderam que o papa Bento XVI tinha cometido um erro grave ao deixar que a Secretaria de Estado simplesmente agisse por conta própria. Pois a confiança cega de Bento XVI em seu secretário de

Estado, Tarcisio Bertone, foi a responsável, entre outros elementos, pelo novo papa, Francisco, ter herdado um ressentimento, decorrente da falta de habilidade política do secretário de Estado e do próprio papa. Ressentimento esse que precisa evaporar do país crucial para a Igreja católica, os Estados Unidos.

O VATICANO E OS ESTADOS UNIDOS

Os Estados Unidos são de extrema importância para a Igreja católica por um motivo bastante simples: as doações voluntárias vindas de lá – o óbolo de São Pedro – financiam uma grande parte do Estado papal. Sem essas doações – e também sem o subsídio da Alemanha, por meio do imposto religioso ali cobrado –, o Vaticano simplesmente desmoronaria financeiramente. Sem a contribuição dos cerca de 63 milhões de católicos dos EUA, que conta com quase vinte mil paróquias, as luzes em Roma se apagariam.

No entanto, desde o início a relação dos papas com os EUA sempre foi péssima. A Constituição dos Estados Unidos, assinada em 1787, significou para os papas um crime monstruoso contra Deus. Pela ótica do Vaticano, os americanos haviam cometido um sacrilégio imperdoável ao iniciar sua Constituição com a frase "nós, o povo dos Estados Unidos". Esse era um pecado absolutamente inconcebível porque colocava de ponta-cabeça a ordem mundial estabelecida por Deus. Povo nenhum, o dos EUA inclusive, podia ter algo a dizer, nem tinha que elaborar Constituição alguma. Afinal, Deus impusera aos monarcas, como no Estado da Igreja, a tarefa de conduzir e guiar os povos. Que agora a ralé elaborasse uma Constituição e ousasse falar em nome do povo, e não em nome dos senhores legitimados por Deus, prefigurava um descaramento de proporções extraordinárias. Ainda no século seguinte, os papas condenariam clara e distintamente as bases da democracia nos moldes daquela praticada nos EUA. O *Sílabo de erros do mundo* (*Syllabus complectens praecipuos nostrae aetatis errores*), publicado pelo papa Pio IX em 1864 como reação à ascensão dos EUA, condenava sem reservas qualquer forma de "liberalismo", qualquer rebelião das pessoas contra um monarca absoluto, como o papa. Um dos monumentos mais famosos do mundo, a Estátua da Liberdade, no porto de Nova York, é um espinho no olho do Vaticano, por expressar a recusa dos americanos de se submeter ao aparelho divino de uma monarquia.

A relação entre os EUA e o Vaticano foi se normalizando lentamente. Pouco a pouco, os americanos foram desenvolvendo um interesse em construir uma boa relação com o Estado papal por causa do crescimento do número de católicos no país. Primeiro, foram os imigrantes da Europa, sobretudo da Polônia, Itália e Alemanha, que levaram a religião católica para a América. Porém, mais tarde, foram principalmente os imigrantes do México que transformaram os EUA numa superpotência cada vez mais católica. No estado norte-americano onde essa imigração é mais forte, o Novo México, 97% da população atualmente se declara cristã, sendo que 44% dela se diz católica. No total, um entre quatro cidadãos norte-americanos é católico romano. Quando, em outubro de 1965, Paulo VI pisou o solo americano como o primeiro papa da história a fazê-lo, teve então início uma forte aproximação dos EUA com o Vaticano, que continuou a aumentar com a eleição de João Paulo II. Já no começo de seu pontificado, o Vaticano e os EUA se aproximaram de modo inédito na história. O presidente norte-americano Jimmy Carter reconheceu imediatamente que os EUA poderiam ter um importante aliado na Guerra Fria contra a União Soviética e seus Estados satélites: o Vaticano.

No início de 1980, Carter cuidou para que renascesse no Vaticano uma tradição considerada extinta: o sistemático aconselhamento militar por uma superpotência. Durante as guerras do Renascimento na Itália, uma das tarefas que se esperavam de um papa era que ele se informasse sobre as movimentações das tropas. Afinal, ele era responsável por seu próprio exército. Os papas pagavam conselheiros militares e informantes, que notificavam os deslocamentos de tropas e frotas das superpotências da época: Espanha, França, Veneza e o Sacro Império Romano Germânico. Com o colapso do Estado Pontifício, em 1870, essa época pareceu chegar ao fim.

Até que Jimmy Carter, como chefe de uma superpotência, seria o responsável por iniciar pessoalmente o papa nos segredos militares. No final de 1980 e início de 1981, ele telefonou ao papa João Paulo II informando-o sobre a situação em seu país. Os satélites e aviões de reconhecimento norte-americanos tinham identificado movimentações intensas de tropas nos Estados do Pacto de Varsóvia. O Exército Vermelho havia concentrado suas divisões na fronteira polonesa, exatamente como o exército da Alemanha Oriental. O general Wojciech Jaruzelski convocara a lei marcial em dezembro de 1981 para, segundo se diz, evitar a entrada do Exército Vermelho na Polônia. Ronald Reagan, sucessor de Carter, também viu em João Paulo II um importante aliado. Em 1987, eles se encontraram em Miami. Após a queda do Muro de Berlim, Ronald Reagan não teve dúvidas de que o Império Soviético não poderia ter sido derrotado sem a ajuda do Vaticano.

A relação do Vaticano com os EUA é tão boa que suporta até mesmo grandes provações. João Paulo II declara-se nitidamente contra as guerras no Golfo. Graças a seu papel na derrocada do império soviético, o Vaticano tornou-se politicamente tão significativo que os palácios junto à basílica de São Pedro transformam-se numa plataforma da política internacional. O ministro do exterior iraquiano, Tareq Aziz, viaja a Roma poucas semanas antes da eclosão da guerra do Iraque em 2003, para solicitar a intervenção diplomática ao papa. O cristão Aziz consegue pelo menos que João Paulo II se declare expressamente contra um conflito armado no Iraque. O papa condena como uma "guerra injusta" o que foi, na verdade, a invasão das tropas norte-americanas. As proféticas advertências do papa, de que os EUA se arrependeriam da guerra no Iraque, geram profundas simpatias pelo papa, no momento em que os americanos tomam cada vez mais consciência do alto preço da guerra. Quando Bento XVI é eleito, em janeiro de 2005, o Vaticano pode dizer, a esse respeito, que fez tudo certo. O outro senhor da guerra, o premiê britânico Tony Blair, é obrigado a admitir que o papa avaliara o risco militar mais corretamente do que os generais de seu próprio país.

Para o Vaticano, a invasão do Iraque esteve ligada a uma singular reavaliação de simbolismo político. Por muito tempo, o Estado papal foi considerado por partidos e movimentos de esquerda como a quintessência do pensamento reacionário. Mas após a eclosão da guerra, na primavera de 2003, os opositores desse conflito se dirigem de repente para a praça de São Pedro, justamente como os ativistas de esquerda que têm assegurado o apoio do papa. De maneira inesperada, estudantes de esquerda não protestam contra, mas sim a favor de João Paulo II.

Mas, na primavera de 2008, os ministros dos Negócios Estrangeiros do Vaticano tomam um rumo fatídico, e combater suas consequências será uma das prioridades do novo papa Francisco. Desde o final de 2007, os diplomatas do Vaticano ocupam-se com os preparativos de uma viagem do papa aos EUA e de uma visita à Organização das Nações Unidas. Os mais experientes desaconselham o cardeal secretário de Estado a organizar uma visita do papa ao presidente George W. Bush, tido como o principal responsável pela invasão no Iraque e pelos milhões e milhões de mortos, o homem que entrou para a história como um dos piores presidentes de seu país. Por isso, o Vaticano faz pressão para que o papa não se exponha ao lado do grande senhor da guerra, e só se limite a se mostrar com o sucessor de Bush, cuja imagem não tinha sido desgastada pela guerra.

Mas o cardeal secretário de Estado quer de todo modo que a visita do papa aos EUA aconteça sem falta em abril de 2008. Ele nada tem contra a reunião do papa com Bush, pelo contrário. Esse erro de avaliação não será o único deslize grosseiro de Tarcisio Bertone. Quando fica claro, na Secretaria de Estado, que Bertone insiste em levar a cabo seus planos de visita ao papa, os diplomatas querem pelo menos conseguir que esse encontro indesejado com George W. Bush seja o mais breve e o menos espetacular possível. Mas Bertone também passa por cima disso e faz exatamente o oposto: ele agenda a visita do papa na Casa Branca para 16 de abril de 2008, o que significa que o papa comemoraria seu aniversário com Bush, o homem combatido por João Paulo II com todos os meios diplomáticos existentes.

E, assim, o mundo católico assistiria a um espetáculo no mínimo curioso: o homem que ocupa o posto de vigário de Cristo, que apregoa que bem-aventurados são os que restabelecem a paz, vai passar seu aniversário na casa do homem que quis uma guerra a qualquer preço. O papa brindaria com George W. Bush, que cobriu dois países com o manto da guerra, dono de uma reputação catastrófica entre os católicos de sua pátria. Mas que erro! E então acontece o que se temia: um grande número de católicos norte-americanos recebe muito mal o gesto do papa. Com isso, o Vaticano acaba se desviando da linha adotada até então, a do combate à política de guerra de Bush, e cai no ridículo. A pretensão de a diplomacia vaticana figurar obrigatoriamente entre as melhores do mundo desmorona nesse dia, graças ao "ministro do Exterior" Tarcisio Bertone, que transformou o gesto diplomático num tiro no pé simplesmente por causa de sua incapacidade. Um ano mais tarde, o papa Bento XVI poderia ter se mostrado ao lado do vencedor do Nobel da Paz, Barack Obama. No mundo todo, os católicos não entendem qual o objetivo dessa visita à Casa Branca. Até mesmo na Secretaria de Estado as críticas são duras.

O cardeal secretário de Estado governa de modo tão desastrado porque governa com teimosia. Além do erro que cometeu com essa visita, ele ainda comete outro. Em 13 de junho de 2008, o Estado do

Vaticano prepara justamente para George W. Bush a recepção mais faustosa e descomunal de sua história moderna. Naquela ocasião, uma diplomata experiente do Vaticano me disse que João Paulo II devia estar se revirando no túmulo. Pois ao homem que a diplomacia de Wojtyla tinha combatido por anos dava-se agora uma honraria como jamais tinha sido oferecida a um chefe de Estado nos anos anteriores. Ele não encontraria o papa na biblioteca, como fazem os outros chefes de Estado, mas sim nos jardins do Vaticano, na torre de São João, reservada a visitantes extremamente importantes, como o patriarca de Constantinopla. Além disso, Bush poderia rezar com o papa nos jardins, em frente à recém-construída Gruta de Lourdes, privilégio jamais concedido a nenhum outro chefe de Estado. Daqui para a frente, o papa Francisco terá que corrigir o rumo tomado nessa forte aproximação de Bento XVI e George W. Bush, orquestrada por Bertone, e explicar à diplomacia norte-americana que a postura do Vaticano mudou.

A RENÚNCIA

Cidade do Vaticano. Manhã de 11 de fevereiro de 2013. À primeira vista, a sala de imprensa da Santa Sé não parece nem um pouco o local onde a história mundial será escrita. Na maioria das redações de todo o mundo, os jornalistas sequer sabem que essa sala de imprensa existe e que há pessoas trabalhando lá, mas isso mudaria de repente, ao meio-dia daquela data.

O principal problema dos meus colegas que costumam trabalhar na sala de imprensa do Vaticano é que a maior parte das informações liberadas não interessa a ninguém. São coisas como um determinado ano dedicado à memória do grande doutor da Igreja, Santo Agostinho, ou que no Ano da Fé deve-se orar pela fé com particular persistência, ou que o conselho do papa para os profissionais da saúde é que eles se declarem a favor de um tratamento mais humano dos doentes. Por isso, é extremamente raro que essa mesma sala cause furor, como foi quando a eleição do primeiro papa eslavo da história (ou sua morte) foi anunciada.

A mim, o trabalho na sala de imprensa sempre pareceu um pouco como o dos garimpeiros do rio Klondike, no Canadá. Você precisa passar metade da eternidade peneirando pacientemente a areia, e então, de repente, encontra uma pepita de ouro gigante que vai mudar sua vida. Mas antes disso tem a areia – toneladas de areia –, e é por isso que as redações mandam para lá funcionários confiáveis e experientes. Brilho de verdade só se vê quando o papa está de partida para uma viagem para a América do Sul. Aí, de repente, apresentadoras de televisão latino-americanas andam pela sala equilibrando-se em saltos finos e vestindo roupas ultrassensuais, se deixando filmar como se estivessem realmente se preparando para cobrir a viagem do papa à sua terra natal.

A sala de imprensa fica num prédio do lado direito da Via della Concilliazione, fora do Vaticano, onde a rua se abre para o semicírculo da Piazza Pio XII. Dois policiais ficam na enorme porta de aço, e na parte de dentro, à esquerda, há um balcão de recepção com dois jovens senhores vestidos austeramente. Quem lida com eles pela primeira vez pode ter a impressão de que são particularmente religiosos. Mas, na verdade, eles são jovens bastante normais e simpáticos, e quando se entra no seu verdadeiro e reservado espaço de trabalho, onde eles fazem fotocópias de milhares de declarações papais, o que se vê nas paredes não é só uma coleção de retratos de papas, mas também – como em muitos outros escritórios do mundo – fotos de carros velozes (mas nenhum calendário Pirelli!).

Uma pequena escada de mármore leva à sala de imprensa propriamente dita. Ela consiste de uma mesa comprida e bamba, sobre a qual alguns computadores antiquados vivem seus últimos dias. Nas cabines individuais, os jornalistas trabalham cada um por si, tentando entender o que é o *Motu proprio* de um papa, ou por que há um novo problema no caso da beatificação de Pio XII. Do hall de entrada também se tem acesso ao suntuoso salão destinado às coletivas de imprensa. Se há algo a ser dito, o porta-voz do papa ocupa a tribuna sob o brasão do Vaticano; o acesso é feito por uma porta lateral que liga o salão à administração e ao escritório.

O que sempre me irritou na sala de imprensa da Santa Sé foi seu silêncio. Enquanto nos centros de imprensa de toda parte do mundo normalmente impera um barulho atordoante, na do Vaticano é possível ouvir cada sussurro. Acho que em nenhuma outra parte do planeta há um silêncio como esse, em volta da mesa comprida da sala, numa tarde de julho, quando do lado de fora o calor por pouco não incendeia a praça de São Pedro, e o próprio papa está bem longe dali, na sua residência de verão, em Castel Gandolfo.

Giovanna Chirri também está acostumada com o silêncio da sala. Naquele fatídico 11 de fevereiro de 2013, a caminho do Vaticano, ela ainda não imaginava que justamente ela é que anunciaria a bomba na história da Igreja. Giovanna é uma mulher madura, uma loira atraente com cabelos na altura dos ombros, que ama seus filhos e que por muito tempo lamentou a perda da mãe, falecida mais ou menos na mesma época da minha, o que acabou nos unindo. Giovanna é a confiabilidade em pessoa. Ela sabe que, durante muito tempo, seus chefes na agência de notícias italiana ANSA não gostavam muito dela. Com o passar dos anos, novos chefes foram se sucedendo, sem que ninguém pensasse em promovê-la, e isso a magoou.

Existe somente uma situação na qual Giovanna e alguns outros colegas podem se transformar em verdadeiros cavalos de corrida, concorrentes nervosos e prontos para uma batalha jornalística: quando o mundo todo tem o olhar voltado para o Vaticano. E há séculos isso só acontece em duas ocasiões. O que ninguém imagina é que, naquele dia, surgiria uma terceira, uma ocasião sensacional. Até então, o Vaticano se transformava em foco do interesse mundial com essas notícias já conhecidas:

a) O papa morreu.

b) O novo papa foi eleito.

Até aquela tarde, era inimaginável a seguinte notícia:

c) O papa renunciou.

A luta por furos vindos do Vaticano segue regras claras. Assim que se declara que um papa está doente, começa o trabalho de um *vaticanista*, um especialista em questões do Vaticano que não têm nada a ver com religião ou com o poder secular da Igreja, mas sim com medicina. Basicamente, sua função é acompanhar a evolução da doença do papa bem de perto, e estar a postos para poder avaliar quando será dada a notícia que sempre chacoalha o mundo: o papa morreu.

O azar de Paloma Gómez Borrero, correspondente espanhola no Vaticano de longa data, que trabalhou para diversas estações de rádio e televisão em seu país de origem, acabou se transformando em lenda. Aliás, a própria Paloma era uma figura lendária. Nos anos 1990, ela era a única do séquito papal a andar com uma máquina de escrever portátil e não com um computador, atenta para não perder nada. Em 1978, ela entrou para a história da sala de imprensa do Vaticano por conta de um tremendo azar. Para não ter que passar mais um fim de semana no calor da cidade, ela tinha resolvido fugir da temperatura massacrante de Roma, no fim de semana dos dias 5 e 6 de agosto, e ir com a família para a praia. Como corria o boato de que a saúde do papa Paulo VI piorava a olhos vistos, antes de viajar ela telefonou ao secretário de muitos anos de Paulo VI, Pasquale Macchi. Ele a acalmou, dizendo que ela podia viajar tranquilamente, pois o papa estava melhorando. Infelizmente, isso não era verdade. Paulo VI morreu no domingo, dia 6 de agosto de 1978. De repente, todas as redações estavam procurando Paloma, que, naquela época inacessível por celular, havia ido para a praia no dia errado.

A morte um tanto misteriosa do sucessor de Paulo VI, João Paulo I, que foi papa por meros 33 dias, e as décadas de especulações incitadas pelo escritor David Yallop sobre um possível assassinato, fizeram com que o interesse mundial se voltasse mais ainda para o instante da morte de um papa. Muitos anos antes que João Paulo II sofresse seriamente de problemas de saúde, tinha início uma disputa acirrada por notícias espetaculosas vindas do Vaticano. Foram anos e anos investidos em relações amistosas com cardeais e porta-vozes, com direito a carregamentos inteiros de vinho e montanhas de comida da mais alta gastronomia – tudo para se conseguir preciosos informantes à disposição para um desses dias decisivos. Era um investimento importante, pois evidentemente a notícia da morte do papa sairia de dentro do Vaticano, poucas horas ou minutos antes de escapar e ser divulgada. Ou seja, o lapso de tempo de uns poucos minutos é que garante a vantagem de alguém ser o primeiro a noticiar o falecimento de um papa. Não há muitas notícias no mundo com as quais as agências de notícias possam colocar em prova suas competências e capacidades, porque simplesmente não há tantas notícias que realmente despertem o interesse mundial. A morte de um primeiro-ministro ou de um premiê provavelmente só interessa uma parte da população do país em questão, mesmo que essa parte seja representativa, mas a morte do papa interessa a mais de um bilhão de católicos em todo o planeta.

Assim, não é de se admirar que as agências pressionem seus correspondentes em Roma e martelem uma coisa em suas cabeças: seus contatos, ligações, conhecidos e amigos servem, acima de tudo, para que no dia da morte de um papa esses informantes passem a valiosa informação alguns minutos antes do anúncio ao público. Por isso há uma verdadeira guerra para conseguir essa vantagem também no dia em que o papa já está em seu leito de morte.

Giovanna Chirri também teria tomado parte nessa guerra, se houvesse o menor sinal de uma, o que não era o caso. O papa Bento XVI parecia estar relativamente bem. Ou seja, não havia o menor motivo para se especular sobre a morte iminente do papa.

Quando alguém chega à sala de imprensa para trabalhar, diz "ciao a tutti" e, em geral, vai primeiro até a máquina de café que fica na ponta da sala. Só depois disso é que abre a porta de vidro de sua cabine. De vez em quando ouve-se do alto-falante o murmúrio de um dos rapazes da entrada, avisando sobre um *bollettino*, uma declaração à imprensa. Essas declarações costumam ser tão desinteressantes que desvalorizam o papel onde são impressas: são comunicados sobre a aposentadoria do arcebispo da diocese do sul de Samoa, e coisas do tipo.

Fora isso, não acontece muito por ali. Dois telões exibem todas as aparições do papa. A TV do Vaticano, CTV, filma o pontífice desde 2005 sempre que ele aparece em público. Mas essas imagens são completamente desinteressantes, como quando se transmite a audiência geral. Em vez de olhar para a tela, é mais fácil andar uns poucos metros até a praça de São Pedro e ver o papa ao vivo. Interesse igualmente limitado despertam as recepções do papa no Vaticano. Na verdade, elas são celebradas publicamente, mas os jornalistas têm pouco ou nenhum acesso. Por isso, é melhor sentar na sala de imprensa e ficar assistindo ao papa fazendo os melhores votos para a conferência dos bispos de Angola, ou recebendo os funcionários diplomáticos do Vaticano e os exortando a trabalhar pela paz mundial.

Todos os profissionais do Vaticano, inclusive Giovanna Chirri, não esperavam que naquele 11 de fevereiro de 2013 pudesse ser feito um anúncio tão extraordinário como o que ocorreu na sala de imprensa, longe de quase todo o público – e o espanto teve um motivo simples: João Paulo II havia introduzido uma inovação espetacular nas relações entre o papa e os fiéis. Quando havia algo incomum e importante a ser dito, o próprio João Paulo II fazia isso. Ele falava diretamente aos seus fiéis, de sua janela na praça de São Pedro, geralmente no domingo antes da oração do Angelus, quando tinha certeza de que as câmeras de televisão captariam sua imagem e a transmitiriam aos espectadores do mundo inteiro. Eu ainda me lembro bem do choque que ele causou ao fazer isso pela primeira vez. Da janela mundialmente famosa, em vez das considerações teológicas de sempre, em outubro de 1996, o papa disse algo bem pessoal: "O papa tem que ir ao hospital". Nos dias seguintes, a mídia de todo o globo se perguntou o quanto o papa devia estar mesmo doente a ponto de comunicar à população que ia para o hospital. Será que o gesto tinha sido uma despedida, mais do que um simples anúncio antecipado de uma cirurgia?

Os temores se revelaram infundados, pois a operação de apêndice do papa correu bem. Porém, algo havia mudado: pela primeira vez, na praça de São Pedro, um papa tinha dado abertamente ao mundo e aos fiéis uma notícia importante, diretamente relacionada a ele. Desde então, consolidou-se na cabeça de todos os profissionais do Vaticano a crença de que se um papa tivesse algo a dizer, algo realmente importante para toda a Igreja, algo que o afetasse, ele faria isso em público, assim como Karol Wojtyla fez. Por isso é que ninguém podia imaginar que o sucessor do midiático João Paulo II desse a notícia mais importante de seu pontificado não diante dos fiéis e espectadores, mas a portas fechadas, durante uma reunião de cardeais, à qual apenas as câmeras da CTV tinham acesso. Até porque não havia um padrão para uma decisão como aquela, já que era a primeira vez que isso acontecia.

De incomum naquela manhã no Vaticano, só havia uma coisa: a presença do chefe, ou seja, do decano dos cardeais e do cardeal secretário de Estado, Angelo Sodano. A ida do velho senhor a uma reunião relativamente banal, na qual se trataria de beatificações, podia parecer algo digno de nota. Nos anos anteriores, a presença de Sodano tinha sido rara, ele pouco deu as caras nos anos passados. No entanto, lá está ele na sala, e Bento XVI procura por seu olhar, inseguro. Mais tarde, muitos se perguntariam por que o amado Deus não poupou Joseph Ratzinger dessa prova final. O anúncio da renúncia deve ter estremecido cada teólogo do Vaticano, pois significava o fim da era de um grande teólogo no trono de Pedro. E cada um deles teria feito de tudo, dada a magnitude da obra de Joseph Ratzinger, para tornar sua despedida o mais fácil possível, confirmando e atestando o fato de ele ser um dos maiores pensadores da história da Igreja que chefiou.

Mas, naquele momento, o que Bento XVI tinha diante de si não era um teólogo, e sim um político, o chefe da Secretaria de Estado desde longa data. Justamente aquele que cuidou como ninguém para que o papa alemão entrasse para a história da Igreja como um dos mais impotentes e fracos que já se viu. No dia de sua renúncia, Bento XVI teve que antecipar ao decano dos cardeais que, a partir das 20h do dia 28 fevereiro de 2013, o trono do papa estaria livre. Acontece que esse decano era Angelo Sodano, o único alto dignitário com quem Joseph Ratzinger realmente se indispôs em seus longos anos de função no Vaticano. Foi ele quem levou Bento XVI à decisão de exercer um pontificado apolítico, porque Sodano havia deixado bem claro que ele, Ratzinger, tinha intuição zero para questões políticas.

Após o comunicado bombástico da renúncia, todos os cardeais enfatizariam que tudo transcorrera num clima mais amoroso, e que eles aceitaram com consideração e apreço – o que é um disparate e uma enorme mentira. Na verdade, o sumo pontífice estava diante de um executor que acreditava há muito tempo que ele não era o homem ideal para ocupar o trono de papa. Ratzinger tinha agora que admitir diante de Sodano e dos cardeais que precisava pedir perdão a eles pelos erros que cometera. Em vez de dar seus últimos passos ao lado de um homem de boa vontade, Bento XVI também não foi poupado da observação de que seu pontificado desmoronava de modo tão doloroso quanto tinha começado (quando ele comparou sua eleição a uma execução, referindo-se ao momento de sua escolha como aquele em que "a guilhotina caiu", em pleno hall de audiências e diante dos peregrinos da Baviera). Vale observar ainda que Joseph Ratzinger nunca foi o papa das massas, muito pelo contrário, sempre se sentiu à mercê delas. Por isso, ele quis, como um bom soldado, devolver aos cardeais o poder que deles tinha recebido. Aquele não era um papa "dos corações", que se despediria de todos sob os holofotes da praça de São Pedro, local onde milhões de fiéis insistiam em homenagear incondicionalmente esse homem tímido e acanhado.

Não. Por dever, ele quis fazer o anúncio no salão do Palácio Apostólico, mais precisamente perante o decano dos cardeais. E aí está a natureza trágica desse momento terrível: esse decano, embora já há muito um cardeal sem direito de voto, era justamente o antigo secretário de Estado, Angelo Sodano. Essa tragédia tinha começado em julho de 2004. Joseph Ratzinger, naquela época ainda prefeito da Congregação para a Doutrina da Fé, foi convencido a dar uma entrevista ao jornal francês *Le Figaro*, que seria publicada em agosto daquele mesmo ano. Eu ainda me lembro muito bem de como Sophie de Ravinel ficou orgulhosa por ter conseguido essa exclusiva. A jovem francesa precisou de bastante tempo para chegar até lá, e sabia que a data de sua volta para a França se aproximava. Com essa entrevista, ela preparava o terreno para dar continuidade à carreira, o que realmente aconteceu, pois depois da entrevista todo mundo falava dela.

Já naquela época não era nada fácil entrevistar Joseph Ratzinger. O fato é que ele gosta de falar sobre um tema que só interessa a uma minoria: os velhos doutores da Igreja, como Bonaventura. Mesmo assim, Sophie conseguiu arrancar uma clara declaração de cunho político: ele pronunciou-se abertamente contra a entrada da Turquia na União Europeia. A Turquia, disse ele, sempre fora "o outro". Poucas horas depois da publicação da entrevista aconteceu um ultraje inédito na história do Vaticano: um cardeal, no caso Sodano, deu um "puxão de orelha" em Ratzinger, ressaltando que ele havia expressado equivocadamente o que não passava de sua opinião própria. Ou seja, ainda que Ratzinger fosse o prefeito da Congregação para a Doutrina da Fé, aquela era a opinião dele, e não a da Igreja.

Essa foi uma bofetada que acertou o alvo em cheio, acarretando uma das maiores derrotas de Bento XVI. Quando Ratzinger desembarcou em Ancara, em 28 de novembro de 2006, o premiê turco Recep Tayyip Erdogan o aguardava. O papa precisava se decidir. Ou ele mantinha corajosamente sua opinião sobre a não adequação da entrada da Turquia na União Europeia, ou cedia ao anfitrião e declarava esperar que o país fosse aceito. Bento XVI se decidiu pela segunda opção, e acabou de frente a um desastre político.

Do ponto de vista dos interesses da Igreja, o cardeal Angelo Sodano estava certo: a opinião sincera de Joseph Ratzinger sobre o assunto não era conveniente. Ora, a manifestação de Ratzinger ainda como cardeal o comprometia agora como papa. Um papa que não defendia seu ponto de vista por causa dos outros ou do peso do cargo perdia drasticamente credibilidade. E foi assim que a única tentativa de Joseph Ratzinger de impor uma posição política tinha falhado. Nos anos restantes de seu pontificado, Bento XVI ficaria tão afastado da política do Vaticano que, no caso Williamson[3], ele sequer seria informado sobre a primeira crítica de uma chefe de governo alemã a um papa (o que não acontecia desde os tempos de Bismarck). A partir de então, ele só ficaria sabendo da política do Vaticano pela televisão.

Um encontro de cardeais limitado a discutir três processos de beatificação não podia ser importante o suficiente para levar Angelo Sodano até lá, o decano dos cardeais. A principal festa da cristandade, a Páscoa, essa sim era boa o bastante para que em 2010 Sodano participasse de uma cerimônia papal pela última vez. Ele mora num apartamento grande e luxuoso, no Pontifício Colégio Etíope, o único seminário dentro do parque do Vaticano. Impossível morar num lugar melhor em Roma. Em 11 de março de 2013, ao ser informado pela Secretaria do Papa que ele deveria participar do encontro de preparação da beatificação dos mártires de Otranto, primeiro ele não entende, mas quem lhe transmite essa mensagem logo deixa claro que se trata de outra coisa.

Naquele 11 de fevereiro, Bento XVI cumpriria a agenda mais singular dos dois mil anos de história da Igreja católica: como papa, marcava um compromisso ao qual seu sucessor não poderia faltar, embora fosse provável que ele mesmo ainda estivesse vivo para isso. Em 12 de maio seria celebrada perante a basílica de São Pedro a beatificação dos mártires de Otranto, mas pelo sucessor do papa

3 O caso Williamson foi um dos muitos escândalos do pontificado de Bento XVI. O papa readmitiu no seio da Igreja a Fraternidade Sacerdotal São Pio X, da qual Williamson fazia parte, mesmo este tendo negado a existência do Holocausto. (N.E.)

Bento XVI. No momento em que o cardeal Sodano compreende que Bento XVI quer anunciar sua renúncia, ele imediatamente se dá conta da dramaticidade do acontecimento. Como decano dos cardeais, ele é que teria que organizar a escolha do sucessor. Embora já sem poder de voto há muito tempo (desde que completara oitenta anos), os demais cardeais dão bastante peso à sua opinião sobre a sucessão papal. A primeira coisa que Sodano examina, uma vez mais, é a situação jurídica, pois quando o papa Bento XVI declarasse sua renúncia, o mundo todo perceberia que o Vaticano estava diante de uma situação completamente nova.

Sodano sabe que não é assim. Por duas vezes papas já mandaram verificar a situação jurídica para uma possível renúncia, e também quais seriam as consequências dessa renúncia. Paulo VI pedira um parecer legal quando seu estado de saúde piorou muito em decorrência de uma doença cardíaca, no primeiro semestre de 1978. O resultado foi uma surpresa: os juristas da Igreja que se ocuparam do assunto declararam não haver impedimento algum para uma renúncia, mas apontaram para o surgimento de um problema. Um papa que renuncia e continua morando no Vaticano causaria sem dúvida constrangimento ao seu sucessor (*imbarazzo* no original). Então Paulo VI decidiu não abdicar. João Paulo II promulgou em 22 de fevereiro de 1996 a nova regra para a escolha do papa, a Constituição apostólica *Universi Dominici Gregis*, parágrafo 332, número 2 do direito canônico. A partir de então o papa tem permissão para abdicar sem necessidade de dar satisfações a quem quer que seja. Karol Wojtyla também mandou examinar a questão de sua própria abdicação, mas chegou à conclusão de que no Vaticano não haveria lugar para um papa aposentado.

São 11h45. Quando Bento XVI começa a falar, o cardeal Sodano sabe que a Igreja está diante de uma quaresma agitada. Toda a Cúria vai se retirar para exercícios espirituais na primeira semana da quaresma, e todas as atividades serão suspensas. Só que, dessa vez, a meditação será tudo, menos tranquila.

O papa não faz preâmbulos e vai direto ao ponto. Já na primeira frase declara que, naquele dia, não tratará só de debater as três beatificações, mas também de uma "*decisionem magni momenti pro ecclesiae vitae*", uma "decisão particularmente importante para a vida da Igreja". Com apenas cinco frases, Bento XVI informa que "*ut a die 28 februarii MMXIII, hora 20, sedes Romae, sedes Sancti Petri vacet*", ou seja, "que a partir de 28 de fevereiro de 2013, às 20h, a cadeira do bispo de Roma, o trono de São Pedro, estará vazio".

Em sua cabine na sala de imprensa da Santa Sé, Giovanna Chirri ainda tem tempo de traduzir do latim essa notícia bombástica, entendê-la, digitá-la no seu sistema e confirmá-la, antes de cair no choro, no exato momento em que o mundo fica sabendo que o papa renunciou.

POR QUE O PAPA ABDICOU?

A notícia corre o planeta com a velocidade da luz, e mais uma vez se comprova o que faz o Vaticano tão peculiar: a longa história da instituição mais antiga do mundo. Rapidamente, os historiadores verificaram que Gregório XII (pontífice de 1406 a 1415) foi o último papa a renunciar. Só que essa é uma avaliação discutível, porque o que Gregório XII fez não foi propriamente renunciar – na verdade, ele foi destituído em 4 de julho de 1415, em favor de seu sucessor, Martinho V. A única verdadeira renúncia na longa história da Igreja aconteceu em 13 de dezembro de 1294, quando Celestino V abdicou após ter exercido a função somente de julho a dezembro de 1294. O predecessor medieval do papa alemão deu como motivo para sua renúncia questões de saúde, além do desejo de voltar a viver como um eremita. Ele também parece ter fracassado em lidar com a máquina administrativa do trono de Pedro, pois declarou que lhe faltava experiência para se entender com a Cúria romana.

Se Joseph Ratzinger viu em Celestino V um modelo, isso é segredo seu, mas não faz sentido afirmar que ele o admirava de modo especial pelo fato de ter renunciado. Em 28 de abril de 2009, Bento XVI demonstrou quão importante Celestino V, beatificado anos depois, era para ele. Em 6 de abril daquele ano, um terremoto catastrófico causou danos devastadores na região de Abruzzo e matou 302 pessoas. A catedral de Santa Maria di Collemaggio, onde estava guardado o sarcófago de vidro de Celestino V, também foi atingida:

o teto que pesava toneladas desabou, mas o sarcófago permaneceu intacto, como por milagre.

Quando três semanas mais tarde Bento XVI foi até Áquila visitar seus angustiados habitantes, ele rezou diante do sarcófago de Celestino V. Nesse dia, perante a tumba de seu antecessor renunciante, a quem por sua presumida covardia o poeta Dante tinha desejado o inferno, ele decidiu fazer um gesto que ninguém entendeu, naquele momento: ofereceu seu pálio ao papa morto. Todos os arcebispos metropolitanos, isto é, os que estiverem em função em cidades especialmente importantes, podem usar essa capa de lã. Eles recebem o pálio na basílica de São Pedro, no dia de São Pedro e São Paulo, como sinal de sua ligação com Roma. No caos e sofrimento da cidade de Áquila, ninguém conseguia explicar por que Bento XVI concedia tamanha honra exatamente ao antecessor que tinha sido papa por tão poucos meses. Na época, as pessoas acharam que isso tinha a ver com o fato de Celestino ter sido beatificado.

As fotos do sarcófago de vidro sobre o qual repousa o pálio papal correram o mundo pouquíssimo tempo após a notícia da abdicação de Bento XVI, e então começou-se a especular se já em 2009, quando rezou diante do caixão de Celestino V, passava pela cabeça de Bento XVI a ideia de renunciar, e quando, de fato, essa possibilidade foi levantada pela primeira vez.

Foi quando começou um verdadeiro inferno na minha vida. Poucos minutos após a notícia extraordinária da renúncia ter se espalhado, meus colegas jornalistas dispararam outra notícia: em entrevista a uma emissora de TV, e depois durante o programa matutino da ZDF chamado *Volle Kanne*, um jornalista e escritor tinha previsto a renúncia de Bento XVI já em abril de 2012. Na verdade, ele declarou estar convencido de que aquele papa ainda causaria uma comoção: “Eu tenho certeza de que esse papa, caso seu estado de saúde piore, será um dos poucos na história a renunciar”.

Como o jornalista Andreas E. sabia disso? Por que ele tinha sido o único a levantar a hipótese de uma renúncia?

Meu telefone não parou mais de tocar. Como meus livros foram publicados em treze países, jornalistas do mundo todo me ligavam para perguntar a mesmíssima coisa: de onde você obteve a informação de que o papa renunciaria? Choviam perguntas em alemão, inglês, espanhol, francês e holandês. Eu tentava organizar meus pensamentos e me lembrar do dia horrível em que tudo começou e eu falei pela primeira vez sobre a renúncia do papa.

No final dos anos 1990, fontes confiáveis me confirmavam que o papa João Paulo II pensava em uma renúncia. Ele queria saber se poderia fazer isso, caso o mal de Parkinson piorasse a ponto de ele não ter mais condições de exercer sua função. Segundo minhas informações, João Paulo II havia encarregado os canonistas da questão sobre o que deveria ser feito no caso de uma renúncia intencional. Eu escrevi artigos para um jornal alemão sobre esse processo e imaginei o que aconteceria se o papa realmente renunciasse e fizesse uso do parágrafo 332, número 2. Meu chefe de redação na época era Udo Röbel, e ele gostou da história. Eu sabia que a renúncia de um papa era um tabu no Vaticano, mas não tinha noção de quão grande era esse tabu; não imaginava que a mera ideia de uma renúncia era combatida com todas as forças na Cúria romana.

Eu ainda me lembro de estar passando pela bela ilha Tiberina quando, no caminho para o escritório, meu celular tocou. Foi uma das poucas vezes em 25 anos de trabalho no Vaticano em que tive uma conversa extremamente desagradável. Minha hipótese tinha sido publicada por alguns jornais italianos, e o porta-voz do papa na época, Joaquín Navarro-Valls, havia lido. Vik van Brantegem, um funcionário a seu serviço, me ligou dizendo que Navarro-Valls queria falar comigo pessoalmente sobre o artigo a respeito da sua pretensa renúncia, e pelo tom eu percebi que aquela não seria uma conversa agradável.

Eu pedi para ser recebido sem demora por Navarro-Valls, pois não queria passar noites em claro antes de ser repreendido. O encontro foi marcado para a manhã do dia seguinte.

Joaquín Navarro-Valls acabou se tornando um bom amigo, ao qual eu sou grato por muitas coisas, mas naquela época eu o conhecia apenas como chefe da sala de imprensa – por quem eu tinha grande respeito e um certo temor. Quando me sentei em seu escritório, a velha raposa abriu a conversa com uma jogada brilhante: em vez de me repreender, como eu esperava, ele se desculpou. Sua argumentação me desarmou. Ele me explicou que obviamente eu não dispunha de informações suficientemente confiáveis, caso contrário eu provavelmente não teria tido a ideia de especular sobre a renúncia do papa. O médico diplomado Navarro-Valls me transmitiu em palavras elegantes uma mensagem não tão elegante: ele não tinha a menor intenção de ler nada sobre uma possível renúncia papal. Simplesmente não haveria renúncia, e pronto! Ou Navarro-Valls ainda não sabia que o papa João Paulo II já tinha cogitado uma renúncia, ou não queria de jeito algum que o tema fosse discutido nos jornais.

Mas uma coisa estava bem clara: o Vaticano não queria a mínima especulação sobre o assunto. Eu agradeci pela orientação, baixei a cabeça e resolvi não pensar mais naquilo. Mas em 2005 eu já teria ocasião de perceber o quanto a renúncia era um tabu para o Vaticano.

Nunca se fica sabendo de uma briga declarada entre dois cardeais no Vaticano. Os cardeais sabem que conflitos em público trazem danos severos à reputação da Igreja. Por isso foi inconcebível o que aconteceu por ocasião de um compromisso tão insignificante como a inauguração de uma livraria na Piazza Pio XII, em março de 2005. O cardeal secretário de Estado Angelo Sodano apareceu pessoalmente, o que foi uma honra enorme para os organizadores. Em circunstâncias normais, não haveria mais do que uns poucos colegas num evento daqueles. A inauguração de uma livraria não é realmente nenhum acontecimento arrebatador, mas os tempos eram de tensão. João Paulo II estava à beira da morte. Sodano mal tinha inaugurado a livraria e nós jornalistas cercamos o cardeal. Fazia anos que a pergunta era uma só: qual era a gravidade do estado de Karol Wojtyla? Um colega fez finalmente a derradeira pergunta: diante do péssimo estado de saúde do papa, não seria melhor renunciar?

Sodano deu uma resposta bem equilibrada, formulada de um jeito tão politicamente correto que era quase vazia: "Se João Paulo II quiser renunciar, certamente terá a força para tomar a decisão correta". Eu nunca teria acreditado que essa resposta diplomática levasse a um escândalo. Aconteceu o que nunca havia acontecido: o poderoso chefe da Congregação para os Bispos, o colérico cardeal Giovanni Battista Re, recriminou pública e duramente Sodano, explicando que ele havia sido de um descaramento inacreditável por sequer considerar a renúncia do papa.

Esse atrito público dos cardeais me mostrou mais uma vez o quanto a renúncia sempre foi um tabu. Mas então aconteceu algo peculiar: em 25 de fevereiro de 2005 eu encontrei o cardeal Joseph Ratzinger junto Joaquín Navarro-Valls no elevador do Palazzo Colonna, em Roma. Ratzinger tinha sido encarregado de apresentar o livro *Memória e identidade,* de Karol Wojtyla. No belíssimo palácio romano perto da Fontana di Trevi, alugado para a apresentação, havia uma multidão, e só por acaso me empurraram para dentro do elevador onde Ratzinger e Navarro-Valls estavam. Este brincou comigo dizendo que nada tinha contra Ratzinger e eu falarmos em alemão, apesar de ele não entender uma palavra. Mesmo com seus olhos sorridentes, eu captei a piscadela que me dizia: querido Andreas, pergunte ao cardeal o que quiser, mas não se atreva a tocar no assunto sobre uma possível renúncia de Wojtyla.

Eu desconsiderei a mensagem e perguntei abertamente a Joseph Ratzinger o que ele pensava sobre o assunto. Para minha enorme surpresa, ele não fugiu da questão, embora todos os outros cardeais a evitassem como o diabo evita a água benta, e respondeu que um papa tem de considerar os problemas da Igreja. Ele disse claramente que a renúncia seria aprovada se ele simplesmente não conseguisse mais continuar. Mas, acima de tudo, disse que um papa deve se retirar se a Igreja não puder mais sustentá-lo.

Eu ainda me lembro do sorriso de Ratzinger. Eu não podia imaginar que estava perante o futuro papa – ele que mais parecia um cardeal comum à espera da aposentadoria. Ele sorriu para mim do mesmo jeito que quase todos os cardeais, bispos e mesmo funcionários comuns do Vaticano sorriam. Naquela época, esse sorriso significava a mesma coisa para todos nós: "Você sabe perfeitamente o que está em jogo". Eu de fato sabia. Nós todos sabíamos.

Joseph Ratzinger tinha plena consciência do que aconteceria naquele 25 de fevereiro. Ele tinha ido até lá para defender um livro no qual Karol Wojtyla escrevera uma tremenda bobagem, comparando abortos ao holocausto judaico. Um atrevimento idiota. Nivelar a decisão de uma mulher de fazer uma interrupção legal da própria gravidez aos assassinatos nazistas, que mataram milhões de judeus, foi simplesmente um disparate. Ratzinger sabia o que viria: assim que ele falasse sobre o livro, nós varreríamos aquela baboseira para debaixo do tapete como se ela não existisse – e assim foi. A coletiva de imprensa durou mais de uma hora e não houve um minuto sequer para a comparação estúpida feita por Wojtyla, que nós ocultamos e sobre a qual ninguém escreveu. O resto do tempo tratou-se exclusivamente de mostrar o quão preocupados nós estávamos com a saúde do papa, porque quem viu seu sofrimento e luta, por décadas, acabou se afeiçoando a ele, à sua maneira. Nunca passaria pela nossa cabeça recriminar o enfraquecido Karol Wojtyla – apesar de ele ter escrito tamanho absurdo.

Joseph Ratzinger sabia disso, sabia que havia se levantado um muro alto, uma enorme defesa para proteger o enfraquecido papa.

Todos que tinham alguma ligação com Karol Wojtyla no Vaticano e em torno do Vaticano queriam poupá-lo porque tinham a sensação de que o homem era especial. Como deve ter sido amarga a despedida de Joseph Ratzinger! Quando, pouco antes da morte de Karol Wojtyla, a cidade de Roma mandou pregar cartazes do "*papa buono*", o bom papa, em toda parte, os romanos os roubaram aos montes para pendurar em suas casas a foto do pontífice tão venerado. A cidade inteira havia se transformado na fortaleza de Wojtyla.

O espantoso nisso foi que até mesmo os jovens não religiosos e os ateus tinham se tornado parte desse círculo de proteção ao papa. Algo desse tipo também aconteceu em setembro de 2003 na Bratislava, Eslováquia. João Paulo II estava tão fraco que já não conseguia mais dar um passo sozinho. Eu ainda me lembro da vez em que nós estávamos numa estrada perto da capital eslovaca, e o papa mandou o carro parar só para abençoar um grupo de fiéis em pé no acostamento. Primeiro, ele tentou em vão soltar a mão do cajado papal, o que só conseguiu depois de seu secretário, Don Stanislaw Dziwisz, ter batido três vezes na mão dele, fazendo-o gritar de dor. Nunca vou esquecer como os fotógrafos na comitiva se entreolharam, pasmos. Os rapazes estavam acostumados a tudo, fotografavam sem hesitar corredores de Fórmula 1 e seus carros em chamas com a única preocupação de não deixar a foto desfocada. Alguns deles haviam vivenciado ações de guerra e estiveram perto da morte. Esses rapazes obstinados queriam uma única coisa: boas fotos, porque era com elas que eles podiam ganhar bastante dinheiro. Boas fotos como essa, em que o secretário de João Paulo II bate nas mãos dele, revelando o sofrimento do papa. Mas o que se viu ali foi inédito, pois os fotógrafos baixaram suas objetivas e não registraram aquela cena humilhante. Por respeito a Karol Wojtyla.

Frequentemente eu me perguntei qual era, afinal, o motivo dessa veneração. O jornalismo é duro; todos os colegas sabem, como eu, que se dá bem quem não respeita os demais, quem abre espaço com os cotovelos, como se diz. Essas são as regras do jogo. Mas então aconteceu algo inacreditável: Karol Wojtyla conseguiu mostrar que afinal são os misericordiosos, e não aqueles que só pensam em derrubar os outros e vencer a qualquer custo, que são bem-aventurados; que são os que promovem a paz, e não aqueles que tiram o emprego de outros em fábricas, oficinas e escritórios que são os cordeiros de Deus. Ele foi capaz de demonstrar isso de tal forma que nós compramos a ideia, e de repente percebemos que o que ele dizia fazia sentido. E isso nos consolava. Por isso fizemos tudo por ele, sobretudo na época em que já não tinha forças.

Cada um de nós tinha sua própria história, aquela que nos modificou e que nos levou a proteger Karol Wojtyla sempre que fosse necessário. A minha história aconteceu na África. João Paulo II devia inaugurar uma igreja construída em algum lugar no meio do nada, na estepe. Quando ele se aproximou da igreja com o bispo, não entrou. Perto dali ainda estavam as barracas dos pedreiros, que não foram desmontadas a tempo. Na frente de uma dessas barracas, construída de entulho, estava uma caixa de frutas vazia. João Paulo II a pegou, virou, sentou-se nela e esperou. Todos ficaram surpresos.

Então, uma criança esticou sua cabeça perto de um cobertor de lã grosseiro que cobria a entrada da cabana para olhar quem estava lá. De repente, surgiram quatro ou cinco rostos de criança. Elas saíram correndo da cabana e se penduraram na batina branca do papa, que em minutos ficou toda suja. Foi quando saiu da barraca um homem que não tinha entendido quem estava lá. João Paulo II havia mandado um funcionário até o papa-móvel para buscar uma garrafa de limonada. Em seguida, se sentou ao lado do pedreiro, dividiu com ele a limonada e perguntou: "Agora que a igreja está pronta, o que o senhor vai fazer?". O homem respondeu que seria muito difícil encontrar um novo trabalho e que era uma preocupação bem grande saber como ele alimentaria seus filhos. As crianças se amontoavam, brincavam de esconde-esconde com a batina. Wojtyla terminou de beber a limonada com o homem e agradeceu, como se o pedreiro tivesse lhe concedido uma audiência.

Eu vi então como ele foi até a igreja que deveria inaugurar, e como estava prestes a explodir. Ele fez o bispo ir na frente, apontou para a cabana do pedreiro, e não era difícil imaginar o que ele provavelmente disse: "Não cuide dessa igreja de pedra. Tome conta de seu povo, senão o senhor vai se ver comigo!".

Esse dia impressionou tanto a mim quanto ao fotógrafo papal da época. Arturo Mari e eu, a partir desse dia, teríamos feito tudo o que estivesse em nosso poder para proteger Karol Wojtyla.

Outra história aconteceu no Mar da Galileia durante uma viagem a Jerusalém, em 2000. Eu estava ali com alguns colegas, e um grande número de pessoas havia se reunido na colina. Aquela seria a maior missa na história de Israel, com mais de cem mil participantes. De repente, o papa veio na nossa direção – eu não me lembro mais por que ele parou alguns metros à nossa frente, dizendo:

– Ah, repórteres! – disse ele rindo. – Ser humano algum precisa deles.

O que eu ainda sei é que retruquei algo como:

– Perdoe-nos, Sua Santidade, mas nós pensamos que ainda somos poucos.

– E vocês sabem por que ninguém precisa de um repórter? – ele perguntou.

Nós balançamos a cabeça.

– Porque há dois mil anos, exatamente aqui, na Montanha das Bem-Aventuranças, esteve um homem que disse: "Bem-aventurados os misericordiosos, bem-aventurados são os que promovem a paz, bem-aventurados são os mansos, bem-aventurados são os que têm sede de justiça". Nenhum repórter anotou isso naquela época, e mesmo assim o tempo não conseguiu apagar essa palavra. Nem as ditaduras foram capazes disso, porque essa é a mensagem de Deus e porque nós percebemos que é.

Eu concordei.

Joseph Ratzinger sabia desse imenso apreço da imprensa por Wojtyla. Ele o presenciou de 2003 a 2005, e mais ainda: ele foi uma parte importante do círculo de proteção em torno de Karol Wojtyla.

No verão de 2013, Joseph Ratzinger soube que havia chegado sua vez. Agora era ele quem precisava de um círculo de proteção daquele tipo. Suas forças já não eram suficientes, e ele precisava de ajuda – da mesma forma que tinha ajudado Wojtyla. Pois um papa cujas forças se esvaem pode ser uma tremenda chance para o Vaticano, o próprio Wojtyla tinha comprovado isso. Quanto menos ele conseguia falar, mais as pessoas prestavam atenção ao que dizia. Quando um papa sente que já não tem forças, é chegada a hora em que o Vaticano deve abrigar, proteger e defender esse papa. Mas quando o Vaticano simplesmente não quer fazer isso, não é apenas o corpo do pontífice que fica fraco, mas sua alma. E sua imagem também.

Eu presenciei como o papa Bento XVI foi sendo cada vez mais segregado. Fui testemunha de seu enfraquecimento orquestrado. Ele se rebelou, chegou a ser o primeiro papa da história a escrever uma carta pessoal aos bispos, na qual perguntava como a Igreja tinha chegado àquele "morder e devorar", e questionava por que eles o haviam atacado com tanta violência. Eu vi que ninguém se manifestou a favor do papa. Vi que, para Ratzinger, não existia o muro como o que ele próprio havia ajudado a construir para proteger Karol Wojtyla. Percebi isso já no dia da apresentação do livro com o então cardeal Ratzinger, em 2005: que um papa deve partir quando não se sentir mais amparado. E foi por isso que não tive dúvidas de que esse papa renunciaria. Pois não havia ninguém que o amparasse. Meu informante mais importante na Cúria me disse, no dia da renúncia: "Joseph Ratzinger tinha duas possibilidades: a primeira era pôr na rua todo mundo que o tivesse traído, mas ele é elegante demais para isso. A segunda era deixar todos em seus cargos e partir ele mesmo".

Nas horas que se seguiram à renúncia, era unânime a facilidade em se reconhecer os motivos que levaram a ela. O papa havia dado dois deles, e todos os comentaristas se basearam no primeiro. Até a primeira ministra Angela Merkel felicitou o papa pelo passo corajoso de renunciar, em virtude de sua saúde debilitada. O mundo inteiro parecia estar de acordo com o fato de o papa de 85 anos ter renunciado por se sentir fraco demais para seu cargo. Mas isso só era parcialmente verdadeiro. Bento XVI mencionou um segundo motivo, além de sua fraqueza física, e ele é de longe mais surpreendente do que o primeiro. No texto original em latim consta "*vigor quidam corporis et animae necessarius est*", significando, portanto, que é necessário ter uma certa energia no corpo ("*corporis*") para exercer seu difícil cargo, mas também uma certa energia na alma ("*animae*"), energia que ele já não teria mais. Essa era a força que o papa havia perdido, e ele a perdeu porque foi abandonado.

O choque da renúncia atingiu o Vaticano com uma força inacreditável. Logo ficou claro para os cardeais que era uma decisão que atingiria não apenas sua vida futura como papa renunciante, mas que significava algo histórico. Suas palavras sobre o trono de Pedro estar livre a partir das 20h de 28 de fevereiro também mudaram o posto papal. E a decisão de Ratzinger teria tido ainda outro significado totalmente diferente se ele tivesse sido o sucessor de João Paulo I, que, em 1978, repentina e inesperadamente, morreu em paz após meros 33 dias de papado. Até o último dia, o papa João Paulo I esteve em pleno domínio de suas forças. Mas Bento XVI era o sucessor de João Paulo II, e isso mudava tudo. Nos dois mil anos de história da Igreja, jamais um sucessor de São Pedro tinha demonstrado perante o público mundial tão drástica e radicalmente o que significava ser papa. Para Karol Wojtyla, isso era sinônimo de se agarrar ao cargo, mesmo sob condições extremas.

Em comparação com a condição física de Wojtyla no final de seu pontificado, Bento XVI era o vigor em pessoa no seu último dia de trabalho. No fim, Wojtyla não conseguia mais articular nem mesmo as palavras da bênção (*Urbi et Orbi*) na Páscoa de 2005 – bênção que só um papa pode dar. Ratzinger, ao contrário, dirigiu-se com voz clara a cerca de duzentos mil fiéis na praça de São Pedro, na sua última audiência geral pública. Quando Wojtyla não conseguia mais dar um passo sequer e já não se locomovia sem a cadeira de rodas e o trono móvel há anos, Ratzinger desceu de seu Jeep sem ajuda de ninguém, depois de terminada a audiência geral. Wojtyla sofria de uma doença incurável, o mal de Parkinson, que fazia seu corpo inteiro tremer como uma vara verde. Além de uma deficiência num olho, Ratzinger não tinha nenhuma outra doença aparente.

Como, então, um papa teima em ficar no cargo até o último suspiro, embora num estado de saúde lamentável, enquanto seu sucessor se retira alegando fraqueza? Era o antecessor quem havia cometido um erro, ou era Bento XVI quem tinha uma concepção equivocada da função?

Em termos meramente jurídicos, a história era bem clara: o direito canônico, na seção 332, parágrafo 2, concede ao papa o direito à renúncia sem que ele tenha que dar satisfações a ninguém. Mas para um homem religioso essa é apenas uma das faces da moeda. A outra é a crença. E segundo a crença da Igreja católica, não são as pessoas que escolhem o papa, mas Deus. Há um claro sinal para essa crença mística e singular: quando os cardeais entram no conclave, cantam o hino "*Veni Creator Spiritus*" ("Vem, Espírito Criador"), acreditando que assim o Espírito Santo vai lhes sussurrar o nome correto.

Se a concepção da Igreja católica romana afirma que a mão do Espírito Santo paira no conclave, entende-se que um papa deve tomar sua escolha como extraordinária e tão séria que exercerá sua função até o amargo fim. Se um papa acredita que Deus o colocou nessa função, está implícito que não poderá se dirigir a esse mesmo Deus e devolver a responsabilidade da qual foi incumbido, como dizendo que é melhor procurar outro! Isso foi o que Wojtyla alegou, quando disse "não descer da cruz" em hipótese alguma, e que estava determinado a cumprir sua via sacra, como Cristo. Essa postura angariou para ele uma multidão de admiradores, mas também uma porção de inimigos no Vaticano. Muitos cardeais consideravam ousado demais que Karol Wojtyla se igualasse abertamente a Cristo. Sem dúvida, era bem verdade que Cristo não havia descido da cruz, pois ele é o filho de Deus, segundo acredita a Igreja. Mas o pai de João Paulo II era um mero soldado de Wadowice, na Polônia.

E essa não foi a única vez em que Karol Wojtyla se comparou a Cristo. Da outra vez, a comparação foi pouco a pouco ficando famosa, por meio dos visitantes que conseguiam chegar ao terraço do telhado da residência papal, no Palácio Apostólico. Esse terraço era um pouco como o castelo da Branca de Neve, porque ali o tempo parecia ter parado. Ainda no ano da chegada de Bento XVI ao trono papal, em 2005, ficava ali uma das últimas televisões em preto e branco de Roma, numa espécie de quarto de verão, para onde Karol Wojtyla era levado quando fazia muito calor. Após o atentado quase fatal, em 1981, um artista fez ali um caminho com cruzes. Numa das estações, naquela em que Cristo cai sob a cruz, não era o rosto de Jesus de Nazaré feito de bronze que se via, mas sim o de Karol Wojtyla. A placa de bronze em que Wojtyla foi igualado a Cristo causou duras críticas a ele no Vaticano – nenhum ser humano, nem mesmo o papa, podia se colocar abertamente no mesmo nível de Jesus.

A concepção de Wojtyla de que a escolha divina de um papa não pode ser despojada de seu esplendor místico através de uma renúncia precoce ao cargo também estava relacionada com o fato de que uma eleição papal vale fundamentalmente por toda a vida – e não se prevê uma idade máxima. Essa interpretação da elegibilidade pessoal do Santo Padre por Deus sempre deu aos papas uma série de vantagens. Em primeiro lugar, ela fortalece sua posição nas próprias fileiras. Os cardeais com frequência são nomeados unicamente por causa da tradição, sem terem realizado algo especial que justifique sua indicação. Quem é chamado para ser bispo de Colônia, recebe automaticamente o chapéu de cardeal, porque assim manda a tradição. Já um papa sempre pode aludir sua escolha como fruto de autoridade divina, e não secular. Essa concepção constitui o núcleo interno do papado. O que sempre permitiu que os papas se alçassem acima de todos os outros mortais do planeta. Ora, a renúncia de Joseph Ratzinger feria agora esse núcleo interno.

Quem tiver um tempinho livre em Roma não deve deixar de ver uma espécie de história em quadrinhos da Baixa Idade Média, que mostra como nenhuma outra quão central e determinante é esse aspecto da história do papado. Para isso, é necessário pedir a chave da capela papal no convento Santissimi Quattro Coronati, perto do Coliseu. Em troca de uma pequena doação, uma das freiras enclausuradas passa a chave pelas grades. A história em imagens contada nas paredes internas da capela foi desenhada em 1246 por encomenda do papa Inocêncio IV. Ela narra um acontecimento que nunca ocorreu, mas isso é secundário porque se trata de como os papas medievais queriam impressionar seus visitantes (naquela época ainda não havia a basílica de São Pedro, nem os palácios ao redor; os papas moravam na basílica de São João de Latrão).

Quem aparece nas imagens é o imperador Constantino, o Grande, sofrendo terrivelmente de varíola. O imperador manda buscar o papa Silvestre I, que lhe explica que ele não é apenas um senhor terreno, mas sim um homem escolhido por Deus, e isso lhe confere mais poder. Assim, ele também é capaz de curar a varíola, o que afinal acontece. A moral da história é como as coisas devem funcionar na Terra. Como um servo, o imperador cai aos pés do papa, entronizado acima dele, montado sobre um cavalo. Por fim, Constantino ainda entrega a Silvestre a tiara, a coroa tripla.

Ou seja, o papa detém não apenas o poder eclesiástico, mas também o poder terreno absoluto. A mensagem da história é bastante simples: já que Deus convoca um papa para ser seu vigário, este é o homem mais importante da Terra e todos os outros têm que ouvi-lo. De sua perspectiva, porém, Joseph Ratzinger havia apenas adaptado a ligação entre fé e razão que ensinara e pregara por anos. Deus não agiu contra a razão, Ele não era um Deus imprevisível, autoritário e caprichoso que às vezes gosta disso e às vezes daquilo. Deus era um sensato senhor do mundo. Ratzinger acreditava nessa ligação entre fé e razão. Por isso, Deus também só podia concordar com a decisão sensata de um papa que queria renunciar. As concepções de Joseph Ratzinger e de seu antecessor coincidiam num único ponto: Ratzinger estava convencido de que Deus não queria de modo algum ver num papa esse sacrifício místico que Cristo sofrera na cruz, em público. Em vez de exigir esse sacrifício, Deus estaria de pleno acordo com o fato de um velho homem simplesmente querer se retirar para descansar, após ter cumprido seu trabalho com a consciência de ter feito o melhor, como qualquer outro mortal.

Acontece que com essa concepção, o papa desmistificava o poderoso cargo, despojando-o da tremenda pretensão de não estar sujeito às regras terrenas. Aquele era apenas um cargo a ser exercido por tanto tempo quanto fosse possível, e do qual se abre mão quando não mais se consegue exercê-lo bem. Simples assim.

Karol Wojtyla, ao contrário, havia exibido ao mundo todo seu sofrimento e dito: "Olhem para mim, Deus quer que vocês vejam como eu estou sofrendo! O sofrimento é parte de nossas vidas e eu não fujo dele. Estou mostrando a vocês quanta força Deus dá àqueles que sofrem, aos velhos, aos doentes, aos fracos, às pessoas que são como eu". Já Joseph Ratzinger fez uma leitura da função papal que a comparava a cargos terrenos. Uma função na qual agora também era possível que cardeais persuadissem um papa a renunciar, caso ele, segundo o entender desses cardeais, não mais estivesse em condições de preenchê-la adequadamente.

Embora fosse óbvio, por trás dos muros do Vaticano, o quanto a renúncia deixava a Igreja insegura, de início os cardeais pareciam inclinados a ver o gesto de Ratzinger da mesma forma que a maioria dos políticos mundo afora, que praticamente sem exceção elogiaram a corajosa decisão. Apenas uma voz bem fraca teceu cautelosamente críticas: o arcebispo da Cracóvia, cardeal Stanislaw Dziwisz, que tinha sido secretário de João Paulo II por longos anos. Dziwisz lembrou que Karol Wojtyla acreditava que não deveria descer da cruz. Mas logo em seguida assegurou que respeitava a decisão do papa Bento XVI, naturalmente.

Que os bastidores ferviam além do que se deixava transparecer e que vários cardeais não endossavam a revolução promovida por Ratzinger, ao desmistificar o cargo por meio de uma renúncia, só pôde ser confirmado no domingo, dia 24 de fevereiro de 2013. Aquele era o dia da oração do *Angelus* do papa Bento XVI. Uma multidão de cem mil pessoas inundou a praça de São Pedro para ver o papa pela última vez. Nesse dia, o fenômeno Ratzinger foi mais uma vez admirável. Entender esse homem tímido e humilde só é possível quando se entende que ele odeia ser o centro das atenções. Também nesse dia ele fora alvo de todos os olhares, como provavelmente nunca antes estivera em sua vida; humildemente, ele leu uma exegese das Escrituras Sagradas, como se aquilo fosse a coisa mais natural do mundo, como se pouco antes ele não tivesse tomado uma decisão dramática. Tudo em Ratzinger irradiava o de sempre, como se dissesse "Não se trata de mim, da minha pessoa".

Mas então, de repente, a multidão na praça sentiu a tensão de Joseph Ratzinger. Era fácil reconhecer o que era tão importante para o papa, naquela fala. Como tinha feito a vida inteira como professor, ele ergueu o dedo indicador energicamente, como se quisesse pregar o ponto central de sua aula na memória das pessoas lá embaixo: ele não estava abandonando o cargo de papa, ele não estava fugindo da responsabilidade. Não. Agora, ele serviria a Igreja de outra maneira, por meio da oração. Mas esse dedo em riste do velho homem contrariado deixou algo bem claro: houve no Vaticano muito mais crítica ao velho papa alemão por causa de sua renúncia do que era visível além dos muros. Ele ainda tinha uma tarefa importante à sua frente: convencer toda a liderança da Igreja da exatidão e pertinência de sua decisão.

Por isso é que naquele mesmo dia em que os católicos do mundo todo viam seu rosto como papa pela última vez, na praça de São Pedro, durante a audiência geral de 27 de fevereiro, ele se viu obrigado a novamente defender sua decisão perante seus partidários, aludindo à citação da cruz de seu antecessor. Bento XVI disse: "Eu não estou voltando para a vida privada – para uma vida de viagens, encontros, recepções, palestras etc. Eu não estou me afastando da cruz, pois vou permanecer junto a Nosso Senhor Crucificado de uma nova maneira. Eu não carrego mais o poder total para dirigir a Igreja, mas vou permanecer a serviço da oração, por assim dizer, no domínio mais íntimo de São Pedro".

Joseph Ratzinger sabia que, ao se decidir pela renúncia, ele entraria para a história, e que a história julgaria se essa decisão foi ou não correta. Por isso ele se concentrou nesse ponto também em 27 de fevereiro e disse: "Nesses últimos meses, eu senti que minhas forças diminuíram, e em oração supliquei a Deus que me iluminasse com Sua luz, a fim de me ajudar a tomar a decisão mais correta não para o meu próprio bem, mas sim para o bem da Igreja. Eu dei esse passo em plena consciência da gravidade de seu ineditismo, mas com uma profunda paz de espírito".

Nesse último dia, durante sua 384º audiência geral, finalmente o templo foi clemente com Bento XVI, depois de tê-lo prejudicado tantas vezes antes. Foi assim desde o começo, quando ele teve que conduzir o gélido e chuvoso Dia Mundial da Juventude em 2005. Parecia que o mau tempo sempre o acompanhava. Mas em 27 de fevereiro o sol brilhou, e também Joseph Ratzinger! Ele agradeceu por ter sido presenteado com um lindo dia de sol como despedida. Senti pena dele. Desse Joseph Ratzinger que admitiu perante os fiéis o quão difícil havia sido para ele o cargo de papa, e que como sucessor de Pedro tinha perdido por completo sua privacidade, colocando-se exclusivamente à disposição da Igreja. Visivelmente emocionado, ele ainda agradeceu ao povo de Roma, os habitantes de sua diocese, e orou por seu sucessor e pelos cardeais encarregados da difícil missão de eleger um novo papa.

A PRISÃO DE JOSEPH RATZINGER

Eu me lembro bem da conversa com meu amigo Franco, um experiente especialista em Vaticano, que me ligou após eu ter previsto que o papa renunciaria, em abril de 2012. Ele me disse: "Você ficou louco? Sabe o que é, caso você seja imbecil demais, prever uma bomba que só acontece a cada setecentos anos? Meu temor é que seja muito mais provável que você não tenha razão e passe por idiota. Você deveria ter dito que não tem certeza, que uma renúncia na verdade é possível, mas dizer 'Não há dúvida de que esse papa vai renunciar' foi perigoso demais. Por que você tinha que se comprometer assim?".

Naquela ocasião, eu sabia que ele tinha razão. Era perigoso demais, e foi exatamente nessa conversa que eu pensei quando o papa Bento XVI renunciou. Uma questão mexia comigo mais do que qualquer outra. O que tinha me dado tanta certeza? Foram suas explicações de que um papa deve sempre "manter a cabeça fora da água" e estar em condições de reger ele mesmo a Igreja? Ou foi mais essa ideia de Joseph Ratzinger de que Deus é um Deus razoável, que permite que seu representante na Terra se aposente tranquilamente, se isso fizer mais sentido para a Igreja, e não que exige um sacrifício místico como o de Karol Wojtyla? Provavelmente foram as duas coisas juntas, mas tive a certeza de que esse papa que colocou seu pálio no caixão de vidro de Celestino V em Áquila deixaria seu cargo. Bento XVI precisou de quase três anos para ponderar sobre sua renúncia.

Ratzinger tinha seguramente ciência do significado da renúncia para a Igreja. Ele sabia perfeitamente que desencadearia uma revolução. Assim como sabia que esse passo modificaria a função de papa. Mas o que o aguardava como futuro papa emérito, Ratzinger certamente não imaginava. As pessoas tendem a ter esperança de que o pior não aconteça. Nenhum parágrafo do direito canônico prescreve a um papa fora da função o que ele deve fazer e o que não deve fazer. Eu tenho certeza de que, de início, Bento XVI ainda pensou que ele também merecia uma velhice humanamente digna. Não tenho a menor dúvida de que ao menos nos primeiros meses em que planejava sua renúncia, Ratzinger acreditava que sua boa vontade bastaria. Mas ele deveria ter sido advertido sobre as verdadeiras e duras implicações de seu corajoso gesto: um papa renunciante não tinha de modo algum permissão para se intrometer nos assuntos da função de seu sucessor (o que ele não tinha efetivamente a menor intenção de fazer). Afinal, só o que ele queria era poder se sentar num banco em meio ao verde, ao lado de seu irmão mais velho e cego, ler a Bíblia para ele, e esperar pela hora de se apresentar ao Senhor.

Eu não sei quando começou a ficar claro para Bento XVI que sua boa vontade não bastaria. Em algum momento, ficou evidente para ele que seu sucessor esperaria infinitamente mais do que sua lealdade absoluta e obediência. Ele exigiria outra coisa: certeza de que nenhum perigo viria de Joseph Ratzinger. Mas era exatamente isso que o velho homem não podia garantir. O que aconteceria se ele morasse tranquilamente na Baviera, na casa de seu irmão, e um jornal publicasse uma entrevista com ele, inventando palavras de dura crítica ao seu sucessor? O que aconteceria se cem mil pessoas se detivessem na praça de São Pedro e a plenos pulmões exigissem o retorno do papa Bento XVI? Ele, Ratzinger, não teria pessoalmente a menor culpa, mas isso não seria o bastante para seu sucessor. Pelo contrário, o que o novo papa podia esperar é que algo do gênero jamais acontecesse.

Por esse motivo só havia uma possibilidade: Joseph Ratzinger tinha que se acostumar à ideia de que seu pesadelo se cumpriria, ou seja, que seria obrigado a passar o resto de seus dias numa prisão, porque só assim, com a destruição de todas as suas esperanças, com o abandono de todos os seus sonhos e abrindo mão do último resquício de consolo, ele podia garantir a seu sucessor que jamais se intrometeria. Ele tinha que se tornar um prisioneiro.

Isso sempre me faz pensar na missa de 14 de setembro de 2006 em Freising, quando Bento XVI fez um improviso. Ele disse: "Eu trouxe a vocês um sermão, mas eu não vou lê-lo agora, ele pode ser impresso mais tarde". Naquele momento, ele literalmente gritou, improvisando: "É a tua Igreja!". Joseph Ratzinger queria dizer: "Eu não posso resolver os problemas da Igreja sozinho". Esse também foi o dia em que ele se igualou ao urso de Corbiniano. Quantas vezes ele deve ter orado no túmulo de São Corbiniano, reverenciado em Freising? Quantas vezes ele deve ter pensado na história singular do urso que é o símbolo dos bispos de Freising? O urso fora incauto ao comer o cavalo de Corbiniano, que ficou aborrecido, carregou o urso com suas coisas e trotou com ele para Roma, para onde devia ir, com ou sem cavalo. Eu ainda me lembro de como Joseph Ratzinger falou as seguintes palavras naquele dia na catedral de Freising: "O urso de Corbiniano foi libertado em Roma, mas eu mesmo não".

SOMBRAS SOBRE O CONCLAVE

A eleição do papa Francisco, o 265º sucessor de São Pedro, simboliza o começo de uma nova época. E não exclusivamente porque Francisco, desde a renúncia de Celestino V, em 1294, seja o primeiro papa a tomar seu cargo estando seu antecessor ainda vivo, mas também por essa ser a primeira vez em que os cardeais deliberam abertamente sobre quando um cardeal é de fato digno para escolher um papa. O escândalo em torno do cardeal escocês renunciante Keith O'Brien, em 25 de fevereiro de 2013, também marcou o início de uma nova era.

Se um cardeal é digno para eleger um papa, isso era assunto que até então nunca se havia questionado. Desde 1089, os cardeais – e somente eles – têm o direito de escolher quem será o sumo pontífice. As regras modernas da eleição papal foram redigidas por Paulo VI e João Paulo II, com as dissertações *Romano Pontifici eligendo* e *Universi Dominici Gregis*. Ambos insistem expressamente no direito dos cardeais de eleger o chefe da Igreja católica. E mais: eles impõem aos cardeais a obrigação de se dirigirem a Roma a tempo de poder participar da eleição. Poucos dias antes de sua renúncia, em 22 de fevereiro de 2013, Bento XVI decretou uma ordem à Cúria, um *Motu Proprio*, na qual ele assevera no parágrafo 35: "Nenhum cardeal com direito a voto tem permissão de ser excluído da eleição papal ativa ou passivamente, por nenhum motivo ou sob nenhum pretexto". Até hoje, só três motivos impediram um cardeal de participar do conclave: 1) violência, 2) problemas de saúde e 3) distância.

O primeiro motivo – o uso de violência a fim de impedir a viagem de um cardeal – sempre fez parte da eleição papal. O longo conclave que se realizou entre dezembro de 1799 e março de 1800 teve que ser celebrado em Veneza sob a proteção dos austríacos, porque Napoleão havia ocupado Roma. Dez cardeais não puderam viajar e vários foram vítima de envenenamento. Um dos mais famosos foi Giovanni Michiel, veneziano envenenado provavelmente por ação do filho do papa Alexandre VI, César Bórgia, em 1503. Para todos os efeitos, Julio II mandou executar o cozinheiro do cardeal.

O segundo motivo – problemas de saúde – desempenha até hoje um papel decisivo na eleição papal, pois em geral quem chega ao posto cardinalício já tem uma certa idade. A eleição de Francisco também foi prejudicada por esse motivo. Em 20 de fevereiro de 2013, o cardeal indonésio Julius Riyadi Darmaatmadja, de 78 anos, explicou que não iria ao conclave por questões de saúde.

O terceiro motivo – longa distância –, que por séculos foi um problema sério, hoje em dia cai por terra graças à existência de modernos meios de transporte. Mas o primeiro conclave do século XX, que elegeria em 4 de agosto de 1903 o papa Pio X, ainda enfrentou esse problema. O cardeal Patrick Francis Moran, arcebispo de Sydney, não chegou a tempo porque, de navio, a distância era simplesmente grande demais. E mesmo o conclave de 1939, do qual em 2 de março Pio XII saiu como o novo papa, teve que assegurar aos cardeais vindos dos EUA dezoito dias como prazo máximo, porque do contrário eles não chegariam a tempo, vindos de trem e navio.

Soma-se agora, pela primeira vez, um quarto motivo para que um cardeal não participe de uma eleição papal. Um comunicado de quatro linhas da sala de imprensa da Santa Sé anunciou essa nova era em 25 de fevereiro de 2013. Nele, o Vaticano informava unicamente que Sua Eminência cardeal Michael Patrick O'Brien, de acordo com o parágrafo 1 da determinação 401 do direito canônico, renunciaria à direção da arquidiocese de Santo André e Edimburgo, na Escócia.

O'Brien, nascido em 17 de março de 1938, estava às portas de seu 75º aniversário, a idade máxima para um bispo. Quando os bispos dessa idade estão frágeis, o papa costuma aceitar sua renúncia. Mas O'Brien estava ótimo de saúde. Por isso, no seu caso teria sido natural que o papa tivesse recusado sua renúncia, como um gesto de agradecimento, e lhe confiasse mais um ano, o último a serviço.

Mas não foi o que Bento XVI fez. Na Grã-Bretanha, uma carta assinada por quatro homens, três padres e um ex-padre, acusava o cardeal de ter abusado sexualmente deles. O cardeal escocês, o padre mais importante da Igreja católica na Grã-Bretanha, teria se comportado de maneira "inconveniente" nos anos 1980 no Saint Adrew's College, e mais tarde no Saint Mary's College. Os padres lamentavam que O'Brien tivesse se aproveitado da situação deles. O jornal britânico *The Guardian* deixou a bomba estourar. Os três padres fizeram as acusações contra o arcebispo de Edimburgo diretamente ao núncio papal na Inglaterra, monsenhor Antonio Mennini. O quarto padre deixou a Igreja em 2003, decepcionado com João Paulo II, que, apesar das suspeitas, ordenou O'Brien cardeal.

O relatório sobre esse "comportamento inadequado" chegou a Roma no começo de fevereiro de 2013, uma semana antes de Bento XVI anunciar sua renúncia. O porta-voz papal Federico Lombardi explicou que o papa fora informado sobre o incidente. No Vaticano havia pouquíssimas dúvidas sobre a veracidade dessas informações. O'Brien parecia ter sido pego na armadilha mais perigosa e clássica para muitos padres. A Igreja católica já tinha tido experiências amargas relacionadas a tentações sexuais em seminários num dos mais conceituados seminários do mundo, Sankt Pölten, na Áustria. Ali, candidatos ao serviço eclesiástico descreveram detalhadamente como eles eram tratados como "carne fresca" pelos dirigentes, e como eram obrigados a participar de orgias nas quais os professores não só beijavam apaixonadamente os seminaristas, como tocavam suas genitálias. O bispo local, Kurt Krenn, naquele ano de 2003, primeiramente menosprezou todas as acusações, afirmando ser apenas "brincadeira de meninos". Mas quando pornografia infantil pesada foi descoberta nos computadores dos seminaristas e a procuradoria interveio, foi o fim. Em 2004, Kurt Krenn renunciou, a pedido do papa João Paulo II.

O Vaticano considerava mais do que provável que O'Brien também pudesse ter abusado de jovens na época em que era professor do seminário. Mesmo assim, por algum tempo ainda se apostou que tudo pudesse ser um mal-entendido. Afinal, só havia relatos de jornais incriminando o cardeal. A suspeita poderia ser injusta, intriga infame contra um homem completamente íntegro.

Mas então o próprio O'Brien causou um alarde: ele pediu a bênção de todos os colegas cardeais que deveriam eleger com ele o novo papa, explicando que não participaria do conclave por temer o estardalhaço da mídia. Agora, havia mais um motivo para que um cardeal se abstivesse da eleição do papa: vergonha e culpa.

DIGRESSÃO: A IGREJA E O SEXO

Para a maioria dos códigos penais do mundo, é completamente indiferente se um padre vai para a cama com uma mulher ou com um homem, desde que a dama ou o cavalheiro nada tenham contra isso. Da perspectiva da Igreja, porém, há uma imensa diferença se um padre católico faz sexo com um homem ou com uma mulher. Os Estados e a Igreja estão de acordo somente num ponto: quem abusa de crianças e adolescentes tem poucas chances não apenas neste mundo, mas também perante Deus. No início, a Igreja católica não tinha problemas com o sexo, desde que fosse uma prática entre mulheres e homens. O exemplo mais famoso é o de Pedro: o homem ao qual todos os papas se referem como seu predecessor era casado. Não há a menor dúvida de que Jesus curou a sogra dele. O Evangelho de Mateus 8,14 diz: "Jesus foi à casa de Pedro e viu que a sogra deste jazia na cama e tinha febre. Então Ele tocou sua mão e a febre a deixou".

Os primeiros papas também eram casados. O voto de celibato dos padres tornou-se obrigatório somente após cerca de mil anos de cristandade. Em 1022, o papa Bento VIII, junto ao imperador, decretou que religiosos não tinham mais permissão para se casar. O motivo dizia respeito essencialmente a coisas materiais: dinheiro, bens de valor, imóveis, que não deveriam ser divididos – e assim a Igreja católica tornou-se a maior proprietária de terras de toda a Idade Média. No leito de morte, cada vez mais fiéis julgavam não haver mal nenhum ao concordarem benevolentemente presentear

Deus e Sua Igreja com um mimo. E deixavam seus bens e propriedades ao padre, esperando que assim ele rezasse fervorosamente. Enquanto os padres podiam se casar, dividiam suas posses entre sua numerosa prole. Como isso evidentemente nunca foi do interesse da santa-madre Igreja, chegou-se então a uma simples e radical ideia: se o sexo for proibido aos padres, eles não poderão mais reconhecer nenhum herdeiro. E o dinheiro e os bens de valor ficarão todos para a Igreja. Ou seja, o voto de castidade revelou-se útil, prático e fácil.

Teologicamente falando, o celibato de padres realmente não se justifica, e todos os papas sempre souberam disso. É óbvio o que Paulo escreve na primeira carta aos Coríntios, em 7,25: "A respeito das pessoas solteiras, não tenho nenhum mandamento do Senhor".

No Novo Testamento também não consta nada sobre o dever dos padres de viverem em celibato. Eles podem sim se relacionar, e para vários isso é o melhor, como diz Paulo. Mas um voto de castidade como o que a Igreja católica introduziu não pode ser atribuído nem com toda a boa vontade do mundo a Jesus de Nazaré ou a Paulo. Qualquer papa que quisesse poderia sem o menor problema abolir o celibato, de imediato.

O fato de a Igreja, em princípio, não ter objeções contra o sexo entre mulheres e homens também levou padres, monges e papas, ao longo dos séculos, a lidarem de modo relativamente omisso com a proibição, mesmo quando em 1059, ano do Concílio de Latrão, foi proibida a celebração de missas por todos os padres que vivessem com uma mulher. Um motivo importante para a relativa tolerância à relação sexual heterossexual naturalmente tem a ver com a famosa história da adúltera. Em João 8, 3-7, está escrito: "Então os escribas e os fariseus trouxeram uma mulher pega em adultério. Eles a colocaram no centro e disseram: Mestre, esta mulher foi pega no ato de adultério. E a lei de Moisés ordena que tais mulheres sejam apedrejadas. Tu, pois, que dizes?". Jesus respondeu com as famosas palavras: "Aquele que dentre vós estiver sem pecado, que atire a primeira pedra contra ela". Que história maravilhosa e revolucionária. Como este nosso mundo poderia ser melhor, se as pessoas às vezes simplesmente se perguntassem se podem atirar a primeira pedra!

Para um padre, sexo com uma mulher significa o rompimento de um dos três votos que ele prestou ao ser ordenado: ao lado de obediência e pobreza, os padres prometem também castidade. Quebrar um voto certamente não é coisa boa, mas não significa o rompimento de um mandamento divino, e sim o rompimento de uma promessa feita por um reles ser humano. E a carne é fraca. Por isso, a Igreja sempre lidou de modo relativamente compreensivo com as relações heterossexuais que os padres se permitiram.

Ainda hoje é assim. Muitos bispos concedem um tempo de reflexão a padres que se apaixonaram e fizeram sexo, antes de expulsá-los da Igreja. Um dos exemplos mais famosos é o do padre do Vale do Aosta, onde o papa Bento XVI passou suas férias, em 2005. O pároco local era Don Paolo Curtaz, com quem o papa se encontrou várias vezes. Don Curtaz não tinha agido de modo muito religioso, pois engravidou uma bela jovem de sua comunidade. Apesar disso, o bispo lhe concedeu um ano para que ele se decidisse entre continuar como pároco ou cumprir suas obrigações de pai.

No entanto, tudo muda quando padres fazem sexo com outro homem. Pois, segundo Paulo, Deus tem algo contra os relacionamentos homossexuais. De Jesus de Nazaré, ao contrário, não se conhece nenhuma palavra a respeito da homossexualidade. Mas acredito que se Ele fosse contra, teria se pronunciado. Não se conhece nada dito por Ele sobre esse assunto, assim como não se conhece qualquer defesa aos homossexuais (como no caso da adúltera). A homossexualidade é proibida para os judeus religiosos, da mesma forma que o adultério. No livro de Levítico consta, em 20,13: "Se um homem dormir com outro homem, como se fosse mulher, ambos cometerão uma coisa abominável. Serão punidos de morte e levarão a sua culpa". Paulo, no Novo Testamento, vê o assunto da mesma forma e escreve, na carta aos Romanos, nos famosos versículos 1,26-27: "Por isso Deus os abandonou às paixões infames. Porque até as suas mulheres mudaram o uso natural, no contrário à natureza. E, semelhantemente, também os homens, deixando o uso natural da mulher, se inflamaram em sua sensualidade uns para com os outros, homens com homens, cometendo torpeza e recebendo em si mesmos a recompensa que convinha ao seu erro."

Essa passagem de Paulo serve ainda hoje para que uma grande parte dos teólogos, incluindo Bento XVI, partam do princípio de que relacionamentos homossexuais sejam vistos por Deus como perdição e "delito sexual". Por isso, a prática sexual entre homens, sendo um deles um religioso, infringe não apenas o voto de castidade – isso faz o padre que dorme com uma mulher –, mas também a palavra divina que condena a relação homossexual.

Mais grave ainda é a violência contra crianças e adolescentes. Os códigos penais da maioria dos países estão de acordo com a Bíblia quando se trata de estupro e agressão sexual a crianças. Jesus é, neste ponto, muito claro: padres que abusam de crianças confiadas a ele têm todas as razões para se preocupar, como diz o evangelho de Marcos 9,42: "E qualquer que escandalizar um destes pequeninos que crêem em mim, melhor lhe fora que lhe pusessem ao pescoço uma mó de moinho, e que fosse lançado no mar."

QUANDO OS CARDEAIS NÃO QUEREM ELEGER O PAPA

O papa Francisco terá obrigatoriamente que redigir sua própria e reformulada regra para a eleição papal. Ele precisa esclarecer quando e sob quais circunstâncias um cardeal deve participar da eleição, e se tem direito a não participar, se for por um motivo grave. Até onde um papa pode exigir de seus cardeais que, após sua morte ou sua renúncia, eles participem de um conclave? Um cardeal pode persuadir outro a ficar fora dessa eleição? Até agora, tudo isso é uma incógnita. O conclave que elegeria o papa Francisco trazia profunda insegurança, pois infelizmente Keith Michael Patrick O'Brien não era o único cardeal contra o qual os fiéis podiam impor reservas consideráveis, baseados em sua integridade moral. Havia no mínimo mais dois outros cardeais europeus que tiveram que ouvir, até mesmo de padres, que seria substancialmente melhor se eles não participassem: o belga Godfried Danneels, opositor de Ratzinger e símbolo de uma Igreja progressista, e o irlandês Sean Baptist Brady.

Que o cardeal Godfried Danneels não tenha ficado satisfeito com a eleição do conservador Joseph Ratzinger foi logo veiculado pela "rádio peão" do Vaticano. Mas o rompimento da amizade entre os dois foi atestado pelo seguinte episódio: após sua eleição, Bento XVI convidou todos os cardeais para um coquetel na casa de hóspedes do Vaticano, a Domus Sanctae Marthae. Obviamente, os cardeais foram todos brindar com o novo papa. Somente um não compareceu: Godfried Danneels.

Evidentemente, ele não pensou bem na resposta que daria quando perguntaram por que não tinha ido à comemoração, pois disse que "fazia tempo" que havia marcado para aquela noite uma entrevista para um canal de televisão. Isso era uma mentira flagrante, pois era impossível Danneels conseguir prever que já naquela tarde o papa Bento XVI seria eleito. Ele deveria ter ficado calado. Teria sido impossível agendar uma entrevista para um canal de televisão para esse dia, já que, como se sabe, os cardeais não podem falar com a imprensa durante os dias de conclave. E foi assim que a inimizade aberta entre Ratzinger e Danneels veio à luz.

Mas o progressista Danneels não ficou livre de proteger um suposto delinquente sexual, o bispo Roger Vangheluwe. A polícia vasculhou as dependências do escritório do cardeal em 2010 e levou seu computador. O porta-voz de Danneels, Toon Osaer, confirmou que o cardeal queria protelar a busca por crimes sexuais para depois da aposentadoria do bispo Vangheluwe. Por fim, a polícia interrogou Danneels, sendo que um padre já tinha informado o cardeal em 1996 sobre o abuso sexual. Danneels foi obrigado a se desculpar publicamente.

Mas não só Danneels se viu exposto a pesadas acusações. As mais graves caíram sobre o cardeal Sean Baptist Brady. Em 2012, ele admitiu sua culpa pela participação num caso de abuso de crianças. Ele pediu perdão publicamente e ofereceu sua renúncia. Tratava-se do caso do padre Brendan Smyth. Até sua condenação em 1994, Smyth cometeu delito contra dezenas de crianças. O cardeal Brady sabia dos crimes de Smyth e o acobertou. Em setembro de 2011, o conflito entre o governo irlandês e o Vaticano aumentou consideravelmente. O estopim foi uma carta de 1997 na qual o Vaticano, segundo a visão do premiê irlandês Enda Kenny, exigia que os padres envolvidos em abusos de crianças e adolescentes não se apresentassem e não passassem informações à polícia. Kenny explicou que o Vaticano fazia tudo para encobrir os casos de abusos sexuais em seu país. Imediatamente após o conflito, a Irlanda católica fechou sua embaixada no Vaticano, em novembro de 2011.

O conclave que elegeu o papa Francisco estava, portanto, profundamente marcado pelo conflito sobre qual cardeal realmente ainda tinha direito de escolher o papa. O cardeal escocês O'Brien já havia excluído a si mesmo, por estar envolvido num escândalo de abuso sexual. Por que então os cardeais Danneels e Brady ainda tinham permissão de votar?

O papa Francisco deve ter como uma de suas prioridades esclarecer essas questões num próximo regulamento eleitoral. O novo papa deverá refletir sobre quando um cardeal deve ser afastado da eleição papal, bem como se ele pode excluir a si mesmo, ou se permanecerá a cláusula segundo a qual um cardeal é elegível sob todas as circunstâncias.

Infelizmente, os casos de O'Brien, Brady e Danneels não foram os únicos fardos do conclave. Sobre todo um continente pairava o fantasma ameaçador do abuso sexual.

FANTASMAS NO CONCLAVE

O conclave de março de 2013 entraria para a história pelo simples fato de os cardeais terem sido confrontados com um fenômeno completamente novo na eleição papal, que poderia ser chamado de "fantasmas do continente": inúmeros fantasmas pareciam ter se apoderado dos cardeais nos diversos continentes. O segundo maior grupo de cardeais elegíveis, os onze purpurados dos EUA, não havia conseguido banir o fantasma do abuso sexual. Quanto ao cardeal mexicano, ele tinha sob si o fantasma na forma de um monstro do sexo (era o fundador de uma ordem religiosa, Marcial Maciel Degollado). Já os cardeais africanos precisaram enfrentar o fantasma do sincretismo (o bispo Emmanuel Milingo era a favor). Todos os fantasmas tinham um efeito semelhante: colocavam em dúvida a lealdade dos cardeais. Tratava-se essencialmente da antiquíssima questão da qual os primeiros cristãos que tiveram de escolher um sucessor para São Pedro já tinham se ocupado: qual era de fato a santidade do candidato?

Para os cardeais americanos, a percepção do momento mais adequado para fazer o que foi feito não poderia ter sido pior. Poucos dias antes do anúncio da renúncia, o arcebispo de Los Angeles causara uma avalanche. Se ele soubesse que a renúncia era iminente e um conclave teria que ser convocado, certamente não teria agido como agiu. Mas em 1º de fevereiro de 2013, em Los Angeles, na maior diocese dos EUA e uma das maiores do mundo, o arcebispo José Gómez decidiu dar um passo sem precedentes. Em vez de agradecer o cardeal Roger Michael Mahony (*1936) pelo trabalho como seu predecessor, como é costume, ele disse que de modo algum o veneraria, mas sim o afastaria de todas as funções por ele ter acobertado casos de abuso sexual. Simultaneamente, Gómez escorraçou o bispo auxiliar Thomas Curry. Junto a Mahony, Curry tentara sistematicamente frustrar a acusação de padres que tinham abusado sexualmente de crianças e adolescentes.

Para o bom arcebispo José Gómez, esse foi um ato corajoso, pois ele queria pôr um ponto final na história, mesmo que com isso um dos mais conhecidos cardeais americanos tivesse sua reputação completamente arruinada. Em 2007, as indenizações às vítimas de Los Angeles ultrapassaram os 600 milhões de dólares, o que levou a diocese à beira da bancarrota. Gómez não podia imaginar que, na tentativa de colocar sua diocese em ordem, acabaria apontando para uma importante decisão preliminar para a escolha do futuro papa. Um dos 117 cardeais elegíveis, seu predecessor Mahony, fora posto por Gómez para fora da lista dos homens que poderiam ser escolhidos para ocupar o trono de Pedro. E foi assim que um cardeal foi demitido pela própria diocese e perdeu totalmente a confiança que se tinha em sua integridade. Inúmeros grupos de católicos americanos logo exigiram que Mahony desistisse voluntária e espontaneamente da participação no conclave – o que não teria sido feito porque todos os cardeais elegíveis são obrigados a participar da eleição do novo papa.

A condenação de Mahony por seu sucessor teve um efeito muito mais arrasador do que apenas a destruição de sua reputação. Tratava-se também de avaliar o quanto se podia confiar nos cardeais norte-americanos, de maneira geral. Pois, de acordo com Gómez, novos detalhes sobre os crimes de Mahony foram trazidos à luz, reunidos em um novo e cruel libelo de 12 mil páginas. Isso despertou uma suspeita devastadora: deveriam desconfiar de alguns ou de simplesmente todos os cardeais americanos? Será que todos eles tinham acobertado vários casos ainda desconhecidos? Para a eleição do papa, essa era uma bomba perigosa: o que aconteceria se os cardeais escolhessem um americano para o cargo de sumo pontífice e depois descobrissem que ele, assim como o cardeal Mahony, estava profundamente envolvido nos escândalos de abusos sexuais? Isso seria um desastre absoluto para a Igreja. Num caso assim, a decisão de Joseph Ratzinger pela renúncia poderia se provar útil, porque o novo papa, ainda que tivesse acabado de ser eleito, também poderia renunciar com mais facilidade.

Apenas dois dos cardeais americanos estavam acima de qualquer suspeita, e eram justamente – e não por acaso – os dois que não haviam estado nos EUA nas últimas décadas: James Michael Harvey e William Joseph Levada. Contudo, Harvey, nascido em 1939 em Milwaukee, estava fora de cogitação. De 1998 a 2013, ele foi o prefeito da casa papal, uma espécie de zelador, ou seja, um fiel serviçal cujo trabalho consistia sobretudo em decidir quem seria levado até o papa e quando. Dificilmente os cardeais elegeriam alguém assim como papa. Já Levada, nascido em 1936, dirigiu de modo impecável a Congregação para a Doutrina da Fé de 2005 a 2012. Mas contra o cardeal de 76 anos pesava sua idade relativamente avançada.

Com isso, colocava-se para os cardeais dos EUA, para suas estrelas, como o arcebispo nova-iorquino Timothy Michael Dolan (*1950), o cardeal da cúria Raymond Leo Burke (*1948), o arcebispo de Houston, cardeal Daniel Nicholas DiNardo (*1949), o arcebispo de Chicago, cardeal Francis Eugene George (*1937), que sofria de câncer nos rins, o arcebispo de Baltimore, cardeal Edwin Frederick O'Brien (*1939) e o arcebispo de Boston, cardeal Sean Patrick O'Malley (*1944), o problema de que teriam todos que lutar contra o fantasma do abuso sexual. Especialmente ruim era a situação do grande homem de ação e superestrela Timothy Michael Dolan, de Nova York. Pouco antes da entrada no conclave, ele teve que pedir desculpas nos EUA por não ter denunciado, como bispo de Milwaukee, os padres que cometeram abusos contra crianças e adolescente. Pior ainda: ele tinha dado a esses padres a soma de vinte mil dólares para persuadi-los a renunciar suas funções. Apesar de todas as alegações de inocência, os candidatos americanos caíram um por um. Eles até formavam um grupo de onze elementos fortes para impulsionar uma decisão na escolha do papa, mas para um candidato das próprias fileiras, o fantasma do abuso sexual pairava visível demais sobre suas cabeças.

No mapa-múndi católico, o México ascendeu à superpotência desde a eleição de João Paulo II, em 1978. Com quase 100 milhões de católicos, o México é o segundo maior país católico do mundo, depois do Brasil, com 128 milhões de católicos. João Paulo II assinalou a importância do México para a Igreja católica ao fazer sua primeira viagem internacional para lá, e depois voltando outras quatro vezes.

A abrupta ascensão do país dentro do mundo católico teve relação principalmente com um imenso excesso de padres no México. Junte-se a isso o santuário a Maria em Guadalupe, o mais visitado do mundo. Para lá, afluem mais de vinte milhões de pessoas por ano, mais ou menos cinco vezes mais do que o local de peregrinação europeu mais visitado, Lourdes, na França. Essa enorme religiosidade impressionou João Paulo II, sobretudo porque o México tem uma das Constituições mais antirreligiosas do mundo. É vedado ao chefe de Estado, o presidente, receber líderes religiosos ou participar de cerimônias religiosas como a santa missa. A Constituição mexicana separa rigorosamente o Estado da Igreja; nas Américas há apenas mais três países que mantêm uma separação tão rígida: Uruguai, Equador e Cuba.

Exatamente esse aspecto de o Estado encarar as religiões com desconfiança é que levou Wojtyla, nos anos 1980, a ver paralelos entre o México e a Polônia subjugada pelo partido comunista. Em ambos os países, a população parecia ser extremamente religiosa, enquanto a administração estatal encarava a religião de maneira quase hostil. Parecia ser apenas uma questão de tempo para que o primeiro papa viesse do México. Não há país mais católico, em todo o mundo. É verdade que no Brasil vivem mais católicos, mas lá o catolicismo vive um retrocesso de dimensões quase inacreditáveis. No México esse problema não existe, e as pessoas permanecem fiéis ao catolicismo.

O México tinha três candidatos de frente para o trono do papa. O cardeal Norberto Rivera Carrera (*1942) se sobressaía como arcebispo da Cidade do México, a diocese com o maior número de fiéis católicos romanos do mundo (7,5 milhões); o cardeal Francisco Robles Ortega (*1949), arcebispo de Guadalajara, ascendeu em outubro de 2012 ao cargo de um dos três presidentes da Assembleia Geral do Sínodo dos Bispos, o que o tornou um dos bispos mais respeitados do mundo, e o cardeal Juan Sandoval Íñiguez (*1933), uma espécie de patriarca dos cardeais mexicanos. Para sucessor do papa Bento XVI, nenhum outro cardeal do mundo parecia ser tão adequado quanto Rivera Carrera ou Robles Ortega – isso se não houvesse também um fantasma mexicano: Marcial Maciel Degollado (1920-2008).

O entusiasmo com o desenvolvimento imensamente satisfatório no México não conheceu fronteiras na Roma dos anos 1980 e 1990, principalmente porque naquele país havia surgido uma nova ordem católica muito religiosa e muito rica. O carismático padre Marcial Maciel Degollado fundou em 1949 a ordem dos Legionários de Cristo. Paulo VI a reconheceu em caráter definitivo em 1965, e João Paulo II promoveu os Legionários onde pôde. Ele sempre colocava Maciel Degollado como modelo a ser seguido, e o levou consigo em três de suas viagens pelo México, em 1979, 1990 e 1993. Em 2004, parabenizou o religioso mexicano pelo seu 60º jubileu presbiteral. Já naquela época, ao contrário do entusiasmado João Paulo II, o então chefe da Congregação para a Doutrina da Fé, Joseph Ratzinger, tinha severas reservas contra o mexicano ávido por sexo. Mas as tentativas de Ratzinger de promover investigações contra Maciel Degollado fracassaram por oposição pessoal e ferrenha de Karol Wojtyla.

No México daquela época, já se sabia perfeitamente há décadas que tipo de criminoso sexual o supostamente devoto fundador da ordem era. Várias vezes, seminaristas abusados por Maciel Degollado foram a Roma para denunciar os crimes, mas a Igreja preferiu não dar ouvidos a eles. As investigações instauradas em 2005 por Bento XVI revelaram por fim a vida dupla de Macial Degollado, e ela ultrapassava todos os limites da imaginação. Ele de fato abusara de seminaristas ao longo de décadas. Além disso, chamava a atenção que já desde seus estudos no anos 1940 ele era sempre expulso dos seminários. Maciel Degollado se justificava alegando que essas acusações nada mais eram que uma tentativa de impedir a fundação de sua ordem. A verdade, contudo, era que o protegido de João Paulo II era sistematicamente expulso dos seminários por causa de seu voraz apetite sexual e de suas conhecidas práticas homossexuais.

Hoje se sabe que Maciel Degollado reconheceu ter tido cinco filhos com quatro mulheres diferentes. Um deles acusou o pai de ter regularmente abusado sexualmente dele quando tinha sete anos de idade. Atualmente, a ordem prefere não ter qualquer ligação com seu fundador. O culto em torno de Maciel Degollado foi suprimido. Mas no México a expansão dos "Legionários de Cristo" foi tão grande que mesmo para os cardeais mexicanos era impossível manter distância dela e de seu fundador. Maciel Degollado não apenas erigiu uma escola da fé na Cidade do México e com isso angariou a benevolência do cardeal Norberto Rivera Carrera, como também organizou as visitas de João Paulo II ao México.

Ainda tenho bem guardadas na lembrança essas viagens de Karol Wojtyla sob a direção dos Legionários, principalmente porque fiquei com a consciência pesada na época. Jamais teria passado pela minha cabeça que uma ordem tão festejada pelo papa João Paulo II pudesse ter sido fundada por um dos piores criminosos sexuais da história da Igreja. Os Legionários pareciam ser os católicos perfeitos. Eles cuidavam dos habitantes nativos (os maias) num posto de missão, e irradiavam a beleza do surgimento de um país emergente. Eles conheciam a pobreza não apenas pela televisão, como muitos de seus colegas europeus. Quando estava com os Legionários, eu sempre me envergonhava da minha vida como católico europeu. A admiração ardorosa de João Paulo II pelo carismático Marcial Maciel Degollado era contagiante. Os Legionários mexicanos poderiam ser a Igreja de amanhã e o sustentáculo para o novo papa... se Maciel Marcial Degollado não fosse um criminoso. E assim os cardeais do México foram excluídos da corrida pelo trono papal.

A notícia da renúncia de Joseph Ratzinger atiçou um estado de expectativa excepcional. No mundo todo, os jornais reivindicavam que a Igreja católica precisava se renovar radicalmente. Como conseguir isso era há décadas de conhecimento público, pois sempre que se fala de mudança profunda no curso da santa Igreja romana, trata-se habitualmente de três exigências: abolição da proibição do casamento de padres, introdução do sacerdócio feminino e eleição de um papa negro.

Por algum motivo, as pessoas parecem estar convencidas de que a escolha de um papa negro mudaria tudo, que um vigário de Cristo negro transformaria completamente os rumos da religião. A ideia de dar mais peso à Igreja na África surgiu no fim dos anos 1960, início dos anos 1970. As imagens deprimentes daquela época na zona do Sahel e na Etiópia deixaram uma forte impressão. Desde o fim da Segunda Guerra Mundial, o Vaticano não se ocupava mais tão intensamente do problema da fome, e a discussão levou à criação da Fundação Sahel pelo papa João Paulo II. As reivindicações massivas por mais igualdade social no planeta, impulsionadas por revoltas estudantis, impactaram os católicos. A base exigiu de Roma mais engajamento pelo Continente Negro. Paulo VI levou o assunto bastante a sério.

Havia uma questão central nisso tudo: até aquele momento, bispos e cardeais brancos é que tinham construído a Igreja na África. Um exemplo evidente foi o bispado de Nairobi, no Quênia, que foi erguido em 1883. De 1883 a 1971, cinco bispos exerceram ali seus cargos, num período de tempo de quase cem anos, e nenhum deles era negro. John Joseph McCarthy, que chefiou o arcebispado por uma pequena eternidade, de 1946 a 1971, nasceu na Irlanda. Seu sucessor foi o primeiro bispo negro de Nairobi. Mas para Paulo VI estava perfeitamente claro que só uma Igreja católica africana com cardeais e bispos negros seria realmente uma Igreja católica africana autêntica.

A catástrofe para a Igreja católica africana começou como um conto de fadas. Já naquela época deveria ter sido notado que várias histórias são simplesmente bonitas demais para serem de verdade. No meio da África, em Mnukwa, no Zâmbia, nasceu em 13 de junho de 1930 um pastor que carregava um gênio dentro de si. O menino passou sua infância como milhões de outros da mesma idade naquele continente, cuidando das cabras do pai e ajudando em casa. Mas ele tinha uma imensa sede de saber. Já na escola primária em Chipata, ele se destacava e conseguiu entrar para o seminário de padres de Kasina e Kachebere. Aos 28 anos, o brilhante rapaz foi ordenado padre e mostrou do que era capaz. E então, em 1º de agosto de 1969, a Igreja católica ganhava um novo superastro: um negro africano tornava-se o mais jovem bispo do continente, aos 39 anos.

Até que a desgraça começou a tomar seu curso, e o fantasma em forma do jovem bispo Emmanuel Milingo projetaria sua sombra sobre a Igreja africana. Diante do desastre causado por ele, frequentemente se esquece por que João Paulo II o levou do Zâmbia para Roma em 1983. Não foi o fracasso que custou a Milingo a cadeira de bispo de Lusaka, mas sim o sucesso. Ele foi elevado como superestrela porque basicamente fez o que se exigiu dele. O papa fantasiava com uma Igreja católica africana autêntica. Ele acreditava que uma forte "enculturação" – quer dizer, o crescimento lento na própria cultura – seria o caminho correto naquele caso. Isso significava que os africanos não deveriam simplesmente assumir tudo o que Roma havia desenvolvido em dois mil anos, da liturgia à teologia moral. A África deveria, segundo Paulo VI, oferecer sua própria contribuição ao desenvolvimento da Igreja católica, dar sua própria cultura e gerar sua própria característica.

Foi exatamente isso que Emmanuel Milingo fez, mas ele "enculturou" tanto a Igreja católica que o Vaticano não percebeu de onde vinha o golpe. Milingo conseguiu aplicar suas ideias com facilidade porque há séculos, antes da Igreja católica desembarcar na África, os curandeiros e feiticeiros das tribos locais já praticavam ritos semelhantes aos católicos. A um africano que nunca ouvira falar de Jesus de Nazaré, era certamente estranha a exigência de amar ao próximo como a si mesmo, mas não era desconhecida a prática de impor as mãos sobre doentes, nem a expulsão de demônios por meio de orações, como faziam os missionários cristãos. Mesmo que isso não se harmonize de modo algum com a Igreja tradicional, nas igrejas africanas são feitas orações de cura e exorcismos diariamente.

Até hoje, apenas uns poucos dignitários no Vaticano compreenderam a enorme oportunidade advinda do entrosamento nítido entre as tradições africanas e o catolicismo. A maioria dos cardeais teme que as influências africanas possam expor a Igreja católica ao ridículo. O que deixa de lado um aspecto decisivo: o desenvolvimento fenomenal da Igreja católica africana interrompe a marcha do islamismo. Os africanos negros estão mais próximos a uma religião mais barroca, como a católica, com muito canto, música, vestimentas suntuosas, às vezes danças, com uma tradição à qual pertencem também o exorcismo e as orações de cura, do que à ascética religião do deserto, que é o Islã. Quem já participou alguma vez de um culto católico em Angola ou no Quênia, na África do Sul ou na Nigéria, sabe que as festas sonoras e coloridas nas quais os africanos transformam os serviços religiosos católicos vão muito mais de encontro a eles do que o rito simples e despojado da oração de sexta-feira do islamismo.

O bispo Milingo identificou tudo isso. Ele introduziu tradições africanas no serviço religioso católico com um tremendo sucesso. Nos anos 1980, ele chegou a ser o bispo católico mais popular da África. No fundo, o Vaticano deveria ter se alegrado, mas infelizmente Milingo exagerou. Suas missas para milhares de fiéis, nas quais ele costumava expulsar o diabo e orar pela cura dos doentes geraram uma onda de investigações, a pedido de Roma. Para João Paulo II, existia o perigo de a enorme popularidade do bispo negro ter um efeito colateral catastrófico: Milingo poderia fundar uma igreja própria e afastá-la da Igreja católica, um tipo de Igreja-Milingo particular – o que afinal acabou acontecendo. Karol Wojtyla não quis arriscar e decidiu levar Milingo para Roma. Oficialmente, parecia ser uma promoção, pois Emmanuel Milingo foi alçado a membro do Pontifício Conselho para a Pastoral dos Migrantes e Itinerantes. Mas muitos anos depois, João Paulo II foi obrigado a reconhecer que tinha cometido um grande erro. A Igreja africana poderia ter suportado um bispo Milingo. Mas o risco que ameaçava a Igreja de Roma deveria ser eliminado. Era preciso afastá-lo.

Em fevereiro de 2013, pouco antes do conclave, eu colhi a história de Emmanuel Milingo bem à minha maneira. Falei com vários bispos negros e com um ou dois cardeais sobre a Igreja africana e o fantasma Milingo, e muitos deles ficaram pasmos por eu conhecê-lo tão bem e antes de sua expulsão da Igreja católica. Os dignitários negros africanos me perguntaram a mesma coisa: "O que o senhor acha? Milingo era mesmo um louco?".

Eu tentei me reportar aos tempos em que sempre ia com minha Vespa até o prédio do Vaticano, perto da Porta Sant'Anna, onde Milingo morava. Eu já havia estado várias vezes nas casas de altos dignitários nesse complexo de prédios. As casas se igualavam de modo espantoso. O chão de mármore brilhava tanto que o brilho que ele refletia quase machucava os olhos. Em geral, era um parente que trabalhava como governante para o bispo ou cardeal, e que levava o visitante a uma sala pouco decorada, na qual o dignitário o recebia geralmente perto de uma Bíblia aberta. Todas essas casas eram extraordinariamente silenciosas e tristes.

A casa de Emmanuel Milingo era o oposto disso tudo. Para os padrões do Vaticano, aquilo era o caos. Tudo lembrava uma residência comunitária afro. O que mais me irritava era que religiosos e religiosas viviam todos juntos lá. Na cozinha gigante, as mulheres cozinhavam especialidades africanas particularmente aromáticas, nos corredores ficavam empilhadas caixas de papelão de africanos que estavam em trânsito e por um motivo qualquer estavam se hospedando lá.

Minha primeira visita deve ter sido no começo dos anos 1990. Já naquela época, Milingo tinha o costume bizarro de fazer exorcismos pelo telefone, que nunca parava de tocar. Mas a lembrança que tenho dele não se aproxima nem um pouco à de um louco, mas à de um homem orgulhoso. Alguém sobejamente marcado por uma coisa em especial: ele estava farto de ser continuamente ensinado pela Igreja romana sobre o que um bispo deve ou não fazer. "Eles tratam um bispo africano, aqui no Vaticano, como uma criancinha que ainda tem muito a aprender", queixou-se comigo naquela ocasião. Milingo estava absolutamente convencido de que os próprios bispos africanos é que tinham que saber o que é bom para a Igreja da África – e não o papa, em Roma. Eu jamais teria sonhado que essa postura de Milingo levaria a uma decisão preliminar do conclave que escolheria o 265º sucessor de São Pedro.

O caso Milingo havia mostrado ao colégio de cardeais qual o potencial, mas também quais perigos podiam morar nas estrelas da Igreja católica africana. Qual era de fato o tamanho da influência de crenças e ritos primitivos e feitiçaria na Igreja africana? Cardeais como o ganense Peter Kodwo Appiah Turkson (*1948), que cresceram numa região católica da África onde ritos exorcistas e mágicos ainda estão na ordem do dia, estariam preparados para dirigir a Igreja mundial?

Talvez os membros do conclave de março de 2013 não tivessem se perguntado de modo tão radical se era possível confiar a um cardeal da África a direção da Igreja católica romana, se o caso Milingo não tivesse tido um fim tão catastrófico – e principalmente tão drástico na opinião pública. Em 27 de maio de 2001, Emanuel Milingo se casou com a coreana Maria Sung num rito da seita Moon, em Nova York. Diferentes tentativas de mediação do Vaticano falharam. Quando, em 24 de setembro de 2006, Milingo ordenou como bispos quatro padres casados, foi o fim. Em outubro de 2007, o Vaticano recolheu seu passaporte diplomático, e em 17 de dezembro de 2009 ele recebeu o pior castigo que pode ser infringido a um bispo: ele foi excomungado. A partir desse dia, o Vaticano não quis mais saber dele.

No entanto, sua história, a história de um pastor infinitamente talentoso que conseguiu ascender ao posto de bispo mais jovem da África, mas que fizera as coisas do seu jeito, ainda iria preocupar a Igreja católica africana por muito tempo.

O HOTEL DOS CARDEAIS

O conclave que deveria eleger o papa Francisco foi o primeiro no qual se suprimiu definitivamente a lembrança do tormento de uma eleição papal que em parte colocava vidas em risco. O conclave de 2005, que definiu Bento XVI como papa, ainda foi dividido entre cardeais dos quais se ria por serem "fracotes", e velhas raposas como Joseph Ratzinger ou Salvatore Pappalardo, de Palermo. Os "fracos" podiam relatar por experiência própria que tortura era a eleição do papa antes de se ter à disposição a luxuosa casa de hóspedes de Santa Marta, que foi usada pela primeira vez no conclave de 2005. A legendária batalha do conclave do verão de 1978, que elegeu João Paulo II, tinha marcado profundamente os cardeais que dele participaram. O cardeal de Gênova, Giuseppe Siri, que por quatro vezes tivera boas chances de ser escolhido – nos conclaves de 1958, de 1963 e duas vezes em 1978 – descreveu bem o tormento: "No fim nós estávamos tão desgastados que teríamos escolhido uma cadeira vazia para papa". Eles foram a última geração de cardeais cujas más experiências ainda os ligavam a seus antecessores, que por ocasião da eleição papal moraram juntos no Vaticano, sob condições duvidosas. Com a mudança dos cardeais para o hotel para cardeais Domus Sanctae Marthae, em março de 2013, acabava definitivamente a história da residência comunitária nos museus do Vaticano. Dessa vez, não havia mais nenhum cardeal elegível que tivesse vivido a trabalheira da eleição papal dos velhos tempos.

Dois motivos levaram aos conclaves calamitosos do ano de 1978, que primeiramente elegeu João Paulo I e depois João Paulo II. O primeiro foi a falta de espaço no Vaticano. Até o ataque das tropas italianas, em 1870, o chefe da Igreja católica podia alojar seus hóspedes em amplas partes da Itália central, que naquela época abrangiam o território do Estado Pontifício. Mas com a aniquilação deste, o papa teve então que se apertar com seus súditos em 0,44 km^2 no pequeno Vaticano.

O segundo motivo foi o forte crescimento do número de cardeais eleitores. Nos primeiros conclaves do século XX, somente uma quantia entre cinquenta e sessenta cardeais participavam – uma quantidade absolutamente manejável de senhores que deveriam eleger o novo papa na Capela Sistina. Mas já na eleição do papa Paulo VI, em 1963, o número de cardeais eleitores subiu para oitenta. Os conclaves de 1978 acabaram por dinamitar todas as capacidades espaciais do Vaticano, o que levou à temida e ferrenha batalha no aperto de seus museus.

O primeiro conclave após a queda do Estado Pontifício aconteceu em 1903, do qual saiu vitorioso o antigo patriarca de Veneza, Giuseppe Melchiorre Sarto. O conclave mostrou drasticamente a importância da manutenção do sigilo, que seria introduzido mais tarde, e do isolamento do mundo externo. Esse conclave ainda foi marcado pelo pretenso direito a veto. Com o passar dos séculos, diferentes casas reais europeias ainda se davam o direito de prescrever aos cardeais quem deveria ser o próximo papa e, principalmente, quem não deveria ser. Em 1342, o rei francês Felipe IV mandou para Avignon seu filho João, o Bom, para deixar claro no exílio papal quem deveria se tornar pontífice. O último monarca que tentou exercer alguma influência sobre a escolha foi o imperador austríaco Franz Joseph, em 1903, que pela voz do arcebispo da Cracóvia conseguiu introduzir um veto. Os cardeais deveriam se abster de eleger Mariano Rampolla del Tindaro, um poderoso diplomata do Vaticano. O plano do imperador deu certo.

Já os 57 cardeais do conclave de 1914, que elegeu o papa Bento XV, estiveram às voltas com a questão da hospedagem. Naquela época, foram construídas as microcelas nos edifícios dos atuais museus do Vaticano. O problema dos cardeais consistia basicamente no fato de o palácio do Vaticano não ter sido construído para um grupo de pessoas, mas sim para um só homem, o papa. O único apartamento perfeitamente equipado e decorado com todo o conforto é o do sumo pontífice. Mas durante o conclave ele tem que permanecer vazio.

Por isso, os cardeais votantes deveriam ficar hospedados no centro do Vaticano, a fim de serem protegidos de toda influência vinda de fora. À primeira vista isso não parece ser um grande problema. O que se chama hoje de museus do Vaticano é formado por uma série de casas que os papas mandaram construir ao longo dos séculos. No museu onde se admiram os afrescos de Pinturicchio ficava a cama de Alexandre I (pontífice de 1492 a 1503). Pio V (pontífice de 1566 a 1572) mandou ampliar uma casa no Vaticano, que hoje é parte dos "museus". Mas a ideia de conforto que os papas da Idade Média, da Renascença e do Barroco tinham diferem imensamente dos requisitos mínimos dos cardeais mais velhos do século XX. O maior problema na hospedagem nos museus do Vaticano não era o local em si, mas pura e simplesmente um problema sanitário: não havia banheiros. Os cardeais eram obrigados a se lavar nas magníficas fontes ou usar penicos.

A situação ficou dramática no conclave de 1963 porque nunca tantos cardeais haviam participado: 80 dos 82 cardeais eleitores foram para Roma para elegerem o papa Paulo VI. Os participantes descreveram mais tarde as condições em suas instalações nas salas dos museus como inumanas. E essa situação ficou insuportável em agosto de 1978 porque o número recorde de 111 cardeais eleitores precisava ser hospedado de alguma forma, o que já não era mais possível. Os funcionários do Vaticano improvisaram como puderam. Nos salões dos museus foi posta uma fileira interminável de camas, e com a ajuda de panos e divisórias tentou-se improvisadamente separar uma cela da outra. Os cardeais receberam ainda um minúsculo lavatório e um penico cada um.

O que fez a situação ficar de fato insuportável foi o calor. Não se previu que os cardeais pudessem querer tomar banho, e não havia sequer lavatórios suficientes para que todos escovassem os dentes. Os cardeais sofriam com o calor e enfrentavam dificuldade para respirar, já que as janelas tinham obrigatoriamente que ficar fechadas. A proibição de abri-las fazia parte das regras vigentes naquela época (era o *Romano Pontifici eligendo*, redigido por Paulo VI em 1975). Mais tarde, João Paulo II reclamaria várias vezes desse conclave. Em conversas com os jornalistas, ele contou que temia que os cardeais mais velhos morressem de insuficiência cardíaca por causa do calor infernal.

Após assumir o cargo, estava claro para Karol Wotyla que o número de cardeais não diminuiria no futuro. Assim, decidiu evitar a todo custo que as condições caóticas que imperaram durante o conclave de 1978 se repetissem. Era necessário arrumar um lugar para os cardeais. No Vaticano, só havia um edifício que poderia hospedá-los adequadamente, o antigo lar de caridade Papa Leão XIII. Na área à esquerda, perto da porta de São Pedro, ficavam antigamente edifícios medievais. Após a queda do Estado Pontifício, em 1884, Leão XIII (pontificado de 1878 a 1903) mandou construir um hospital no lugar. Esse hospital prestou bons serviços durante a epidemia de cólera em Roma, em 1893. Em 1991, João Paulo II mandou reconstruir o hospital e também todo o complexo na chamada Entrada Perugino no Vaticano.

Quando João Paulo II redigiu a nova regra eleitoral *Universi Dominici Gregis*, publicada em 1996, o número de cardeais eleitores somava 120. Estava claro que era preciso um prédio enorme para alojar todos os cardeais. E esse edifício precisava ficar necessariamente dentro dos muros do Vaticano, assegurando que ninguém influenciasse os cardeais durante a eleição. João Paulo II transformou então o antigo lar de caridade Papa Leão XIII num verdadeiro hotel. No Domus Sanctae Marthae foram construídas 105 suítes e 26 quartos individuais.

O hotel deve seu nome à zelosa Marta da Bíblia. No evangelho de Lucas 10,38 consta: "E aconteceu que, indo eles de caminho, entrou Jesus numa aldeia. Uma certa mulher, de nome Marta, o recebeu em sua casa. E tinha esta uma irmã chamada Maria, a qual, sentando-se também aos pés de Jesus, ouvia a sua palavra. Marta, porém andava distraída em muitos serviços".

O papa gastou 20 milhões de dólares com o prédio. Primeiramente, ele mandou construir mais um andar. Isso gerou duros protestos dos moradores da redondeza, que por décadas tiveram a privilegiada vista para a cúpula de São Pedro. A nova regra eleitoral prescrevia que todos os cardeais se mudassem para lá. E assim finalmente se encerravam os tempos em que os cardeais ainda dormiam no apartamento do papa Bórgia Alexandre VI, no qual o papa dividia a cama com sua atraente amante Giulia Farnese, chegando até a mandar pintá-la em forma de mãe de Deus na parede...

Eu visitei várias vezes amigos ou parentes que ficaram hospedados no Domus Sanctae Marthae. Aquele deve ser o hotel mais exclusivo do mundo, só pelo fato de ser praticamente impossível que um reles mortal entre lá. Logo na entrada, há dois controles. Mesmo quem conseguir passar despercebido pelos guardas suíços no grande portão de ferro do salão de audiências Papa Paulo VI não conseguirá continuar a partir do posto de controle dos policiais, na frente do Campo Santo Teutônico. Sem um convite de um morador, ninguém passa daquele ponto.

Quem tiver esse privilégio não deve deixar de passear pelo Vaticano, essa exclusivíssima e quase vazia parte da superlotada Roma. O caminho para lá passa pela chamada Escola Mosaico do Vaticano. Atravessando os arcos, a imponente fachada do hotel dos cardeais fica à esquerda, de frente ao visitante. Mesmo quando não há conclave, a casa é muito cobiçada. Funcionários da Cúria que vão a Roma por um certo período ou que não tenham encontrado alojamento se hospedam lá. Uma porta automática desliza na entrada principal e o visitante fica diante do busto de João Paulo II, que parece vigiar ambas as escadas, à esquerda e à direita, que levam para baixo até o balcão da recepção. Ali, como no restante do hotel, trabalham as diligentes freiras da ordem das Filhas da Caridade de São Vincenzo de Paoli. Essa ordem foi fundada em 1617 por Vincenzo de Paoli com o objetivo de cuidar de pobres e doentes. Hoje ela abrange 2 275 casas, nas quais vivem cerca de 20 mil religiosas. A mais famosa naturalmente é o hotel de cardeais Domus Sanctae Marthae.

Provavelmente, não existe local mais entediante em Roma do que esse hotel. Eu sempre sinto pena ao pensar nos cardeais que têm que se hospedar ali. Eles pensam que estão em Roma – mas não há lugar que seja tão absolutamente não romano quanto o hotel dos cardeais! Tudo o que caracteriza a famosa capital italiana, o barulho, o caos, as pessoas indiscretas... e invasivas, pois nada disso existe no Domus Sanctae Marthae.

Ali impera um silêncio angustiante. O Vaticano conseguiu erguer uma barreira instransponível com a cidade de Roma e seus moradores. Eu nunca ouvi alguém rir alto no Domus Sanctae Marthae. As mulheres na recepção não têm culpa pela atmosfera hostil à vida. Eu passei horas da minha vida em pé em volta daquela recepção, à espera de alguém. A princípio, as jovens transmitem uma afetada postura religiosa. Mas quando as provocamos, dizendo algo como: "Deve ser frustrante para uma mulher trabalhar num hotel gigante cheio de homens solteiros, mas que infelizmente são loucamente religiosos", elas primeiro ignoram e olham melindradas para o lado. Mas como são romanas e têm uma língua bem afiada, acabam respondendo algo do tipo: "Até parece! Eles surrupiam as toalhas de banho e vários levam embora até os lençóis. Alguns se safam e saem sem pagar, e quando você os flagra, eles só dizem que esqueceram totalmente".

Não se tem notícia de festas no hotel, porque às 22h o portão principal é trancado. Quem quiser entrar depois disso precisa da famosa chave azul, que dá aos hóspedes a possibilidade de adentrar a casa por uma entrada lateral. Após a meia-noite, os guardas suíços anotam os nomes de todos que voltaram ao Vaticano ou saíram dele.

Ao lado da recepção fica a sala de televisão, que já em tempos normais tem um triste aspecto, e que durante o conclave parece ainda mais deprimente, pois falta o essencial: a televisão. Ela é retirada para não se ter nenhum contato com o mundo exterior.

O hall de entrada, com seus superdimensionados quadros de Maria, não irradia exatamente o que se pode chamar de charme, e a sala de refeições é pior ainda. Ela tem o encanto de uma casa funerária exclusiva e espanta qualquer sensação de bem-estar. Os horários de funcionamento também não são muito pensados para os hóspedes: café da manhã das 7h30 às 8h45, almoço das 13h às 14h, e jantar das 19h30 às 20h30. Não consigo imaginar que alguém permaneça mais tempo naquele restaurante do que o estritamente necessário para comer. No final do hall de entrada fica o local com acesso à internet, que por ocasião do conclave naturalmente é desmontado. Perto dele está a capela, que é uma verdadeira surpresa. É bem verdade que o arquiteto não conseguiu construir um hotel aconchegante, mas de capelas com certeza ele entendia. Ela devia dar a impressão de uma cabana montada pelos judeus no deserto, o que se conseguiu. Ela é uma das capelas modernas mais bonitas que conheço. Perto dali há um pequeno terraço onde a gente pode se esquentar maravilhosamente ao sol, e esse é meu lugar favorito no Vaticano.

Os elevadores zunem baixinho rumo aos quatro andares onde ficam os quartos. Quem fica com uma das 105 suítes durante o conclave ou tem que aceitar um dos 26 quartos individuais pode se considerar sortudo. Só que ao contrário. Os corredores são tão insolitamente escuros que é preciso ter muito bom humor para não se esvair em melancolia ao passar por eles. Atrás das portas de nogueira dos quartos é que está definitivamente o fim de toda forma de bem-estar. O pequeno escritório, com o piso de mármore frio e escuro, produz um efeito hostil e fúnebre; os móveis escuros e a escrivaninha deixam a impressão de que aquele é o lugar mais adequado para se escrever o próprio testamento. O quarto de dormir – obviamente há apenas camas de solteiro relativamente largas – faz parecer que todo turista fugiria aos gritos dali, por sua atmosfera deprimente. Na verdade, só o que se pode imaginar é que aquele é o quarto perfeito para morrer, caso alguém queira passar dessa para melhor mantendo as aparências. Por outro lado, o banheiro é moderno e decorado com funcionalidade. Mas não há nem minibar nem televisão. No lugar deles, há sempre rosários à disposição, no caso de se ter esquecido o seu em casa – o que é pouco provável de acontecer aos cardeais, durante um conclave.

Nem com a melhor das boas-vontades eu consigo imaginar uma pessoa permanecendo um único dia além do necessário no hotel dos cardeais. É verdade que alguns quartos têm vista para o parque, mas quem der azar vai ficar olhando o grande cruzamento de ruas na porta Cavalleggeri. Eu sempre me sinto profundamente aliviado cada vez que me vejo novamente do lado de fora daquele mausoléu.

DESPEDIDA SILENCIOSA DO PONTIFICADO

O dia 28 de fevereiro enriqueceu a história dos 265 sucessores de São Pedro com duas novidades surpreendentes. No seu último dia de trabalho, Bento XVI queria ver pela última vez os cardeais que acabavam de chegar a Roma; afinal eles haviam-no colocado no cargo. No total, 144 dos 206 cardeais do mundo todo foram à Sala Clementina, onde Bento XVI se sentava no trono papal, assim como seus antecessores tinham feito. Entre os cardeais estavam inúmeros senhores que acabavam de completar oitenta anos, perdendo com isso o direito de voto, após a eleição de Paulo VI.

Nem todos os 117 cardeais eleitores estavam presentes. No discurso de despedida, o papa comparou o colégio de cardeais a uma orquestra na qual cada músico tenta alcançar "unidade e harmonia", apesar de todas as diferenças. Foi quando a situação ficou emocionante. Diante das câmeras da TV do Vaticano, desenrolou-se um espetáculo inédito na história da Igreja. Sem qualquer aviso prévio, o papa fez um juramento: "E entre vocês no colégio de cardeais também está o futuro papa, ao qual eu prometo hoje minha reverência e minha incondicional obediência". Aquilo foi uma sensação. Jamais um papa vivo tinha jurado obediência a seu sucessor. Não havia um modelo e tampouco qualquer regra sobre como a Igreja deveria lidar com essa situação. Até então, os papas partiam do princípio de que tais regras não eram necessárias: um papa não poderia, de maneira alguma, jurar obediência a seu sucessor, já que estaria morto quando seu sucessor assumisse o cargo. A maioria dos cardeais reagiu de um jeito diferente a esse juramento, bem diferente do que o papa esperava. Foi com explícito horror. No dia seguinte, muitos cardeais exigiram que um "caso Ratzinger", a renúncia de um papa, nunca mais acontecesse. O novo papa deveria deixar claro que no futuro os papas voltem a exercer sua função por toda a vida.

O juramento de obediência feito por Bento XVI significou acima de tudo uma coisa, segundo a visão dos cardeais: o papa se sentiu obrigado a fazer isso. O que demonstrava de modo inequívoco e lógico que existia a questão da influência de um papa renunciante. Nas primeiras horas da renúncia, o Vaticano agiu como se o direito canônico esclarecesse tudo, já que ele determina que um papa renunciante perca automaticamente todas as suas funções. Mas evidentemente não era assim. A intenção de Joseph Ratzinger foi mostrar, com seu juramento de obediência, que ele não queria ser um problema, mas nada conseguia eliminar o fato evidente de que um problema existia efetivamente.

Após o surpreendente juramento, o tão esperado último encontro dos cardeais com o papa aconteceu sob extrema tensão. Naquele momento, o mundo católico prendeu a respiração. Por meio de seu pronunciamento, ele já parecia assinalar uma decisão preliminar declarando que dentre os cardeais ali presentes estava seu sucessor. Teria Bento XVI dado indícios ao colégio de cardeais sobre quem ele gostaria que fosse seu sucessor? Será que ele tinha enviado algum sinal discreto sobre sua preferência ou indicação? Com seu discurso, Ratzinger obviamente eliminou uma cláusula das regulações para a eleição de um pontífice. A princípio, qualquer homem católico batizado pode ser eleito (mas nos últimos seiscentos anos todos os papas eram cardeais). As regras de março de 2013, válidas para essa eleição, foram promulgadas por João Paulo II em 22 de fevereiro de 1996, sob a forma da Constituição católica *Universi Dominici Gregis*. Ela prevê que o papável não precisa obrigatoriamente ser padre; se isso acontecer, primeiro o escolhido se torna padre, depois deve ser ordenado bispo. Com sua afirmação sobre o sucessor, Bento XVI eliminou expressamente uma surpresa como no caso do último papa que não era cardeal – o papa Urbano VI (pontífice de 1378 a 1389).

Pacientemente, Bento XVI recebeu um cardeal após o outro. Amarga foi a despedida do parceiro de longa data e outrora amigo íntimo, Tarcisio Bertone. Algo tinha se rompido entre os dois homens durante os escândalos das últimas semanas e meses. O papa se despediu dele sem comoção alguma, como se Bertone fosse apenas um dentre tantos. Eles haviam passado uma parte considerável de suas vidas juntos, pelo menos sete anos na Congregação para a Doutrina da Fé, e oito anos lado a lado no governo da Igreja. Todos os cardeais na Sala Clementina esperavam algo como um último abraço apertado entre irmãos. Mas o que se viu foi um último e frio aperto de mão. Em contrapartida, outro encontro rápido foi inesperadamente afável: o cardeal Christoph Schönborn, arcebispo de Viena, aluno de Ratzinger, ofereceu um livro ao papa, que agradeceu gentilmente, como já fizera tantas vezes; o surpreendente foi Schönborn ter sido o único cardeal com quem o papa se demorou. Ele segurou a mão do austríaco por um longo período, fora do habitual, como se entre os dois houvesse alguma ligação peculiar. Muitos, naquele momento, avaliaram o gesto como sendo um sinal.

A situação ficou empolgante quando um dos favoritos para a sucessão de Bento XVI entrou na sala: Marc Ouellet, chefe da Congregação para os Bispos e antigo arcebispo de Quebec. Ele foi o único a não conseguir segurar as lágrimas ao se despedir. Impressionante foi também o encontro com o antigo secretário de João Paulo II, cardeal Stanislaw Dziwisz. O que ficou evidente na suntuosa Sala Clementina foi o quanto a decisão de renúncia pesava e comovia Bento XVI, o quanto ela o torturava, o quanto aquilo custava, embora ele continuasse a frisar sua "serenidade na alma" mesmo diante da gravidade de sua decisão. Pois quando Dziwisz ficou diante dele, o papa tomou imediatamente a palavra. Quando os

outros cardeais tinham se dirigido a Bento XVI, ele se limitou
vir e pouco responder. Mas o cardeal Dziwisz queria evidentem
dizer algo urgente. O que não era de se espantar, pois foi justamente Dziwisz quem, logo após a declaração da renúncia, não se furtou a fazer o comentário evocando seu antigo chefe, João Paulo II, sobre "não se descer da cruz", Dziwisz ouviu o papa, pegou suas duas mãos, e naquele momento ficou claro: aqueles dois homens tinham possivelmente tido um problema qualquer, mas que se encerrava ali. Ambos se despediram como irmãos.

Contudo, o encontro dos cardeais não transcorreu como uma tranquila reunião de senhores idosos. Pelo contrário, foi ali que ocorreu a primeira decisão preliminar do conclave. Os sisudos e importantes senhores prenderam a respiração quando o cardeal norte-americano Roger Michael Mahony se levantou e foi até o papa. Até então, jamais na história da Igreja um cardeal fora exortado a se manter distante do conclave em razão de um comportamento imoral. Isso, por si só, já era espantoso. Mas era também um verdadeiro disparate que aquele homem ruim – apesar de sua própria diocese tê-lo posto de lado, tendo-lhe retirado todos os cargos, até os honorários – viajasse para participar da eleição papal.

Essa cena na sala de audiências no Vaticano ilustrou um dilema que o papa Francisco terá de solucionar em seu pontificado. Alguém como Mahony, antigo arcebispo de Los Angeles e agora expulso de seus cargos, tinha mesmo a obrigação de ir a Roma para a votação? Como repercutiu o fato de o cardeal da Escócia, Keith O'Brien, ter ficado em casa, para manter seu caso afastado "do interesse da mídia"? Com base nas acusações contra Mahony, as do cardeal de Edinburgo, acusado por quatro padres de "comportamento indecente após consumo abusivo de álcool", pareciam até inofensivas. Uma comissão teria que decidir, no futuro, qual cardeal seria excluído da eleição papal. Será que os cardeais poderão continuar fazendo o que bem entendem, lidando a seu bel prazer com a eleição e decidindo sozinhos e em função de seus interesses se participam ou não da escolha do chefe de toda a Igreja?

Evidentemente, o papa Bento XVI aceitou o cumprimento de Mahony. Ele se manteve impassível quando o cardeal americano beijou seu anel do pescador, destruído poucas horas mais tarde. Uma coisa era evidente com a presença do cardeal, e pairaria como uma sombra densa sobre esse conclave: os bispos norte-americanos tinham agora entre eles um pretenso criminoso. Aquela deixava de ser uma ameaça de um lugar bem distante para ser um homem de carne e osso – a personificação da advertência de que não se deve eleger um papa dos EUA! Os cardeais deixaram a Sala Clementina pensativos; eles sabiam que seriam os próximos.

Na história dos papas, muitas foram as vezes em que os fiéis se perguntaram, durante as fases da doença de seu mais alto pastor, se um determinado evento público do papa seria sua última aparição. Na segunda-feira de Páscoa de 2005, João Paulo II apareceu à janela do apartamento papal que dá para a praça de São Pedro. Os fiéis esperavam que ele tivesse forças para se mostrar novamente na quarta-feira seguinte, no dia da audiência geral. Embora o Vaticano tivesse cancelado essa audiência, milhares de pessoas se reuniram na praça em vão. Karol Wojtyla tinha febre alta, causada por inúmeras infecções, principalmente na bexiga. Ele faleceu em 2 de abril, às 21h46. Ninguém, naquela segunda-feira, sabia que essa seria a última aparição pública do papa João Paulo II.

A noite desse 28 de fevereiro de 2013 trouxe mais uma novidade na história do papado: Bento XVI havia determinado que ele deixaria o Vaticano no final daquela tarde, de helicóptero. Após sua chegada a Castel Gandolfo, ele quis dirigir sua palavra final aos fiéis reunidos no local. Essa seria sua última definitiva aparição pública como papa.

Graças à emissora de televisão do Vaticano, que acompanhou o papa durante todo seu último dia, aquele se transformaria em um evento público. Pouco após as quatro horas da tarde, chegou o esperado momento. O papa se despediu no pátio de São Damásio, o mesmo para o qual ele voltou 384 vezes após as audiências gerais, o mesmo ao qual seus visitantes de outras nações chegaram ao longo dos oito anos de seu pontificado. Foi ali que o papa recebeu novamente todos os funcionários e suas respectivas famílias. Bento XVI foi acolhido carinhosamente, com um aplauso estrondoso, e então veio o momento sem dúvida mais tocante: ao se despedir, seu emocionado motorista, Pietro Cicchetti, se ajoelhou na frente do papa e chorou copiosamente. Ele tinha conduzido o papa, que não tem carteira de motorista, por oito anos. Joseph Ratzinger sempre teve que encolher um pouco as pernas no seu Mercedes de trabalho, pois quando a Daimler deu a ele um Mercedes 600 de presente, ele insistiu que não fosse a versão alargada, feita para chefes de Estado.

Quando em 28 de fevereiro, às 17h06, o helicóptero levantou voo, a cidade de Roma prendeu o fôlego. Dez mil pessoas observaram a volta de honra que o helicóptero branco do 31º Batalhão da Força Aérea Italiana deu em torno do domo da basílica de São Pedro, para que o papa pudesse ver mais uma vez, uma última vez, de cima sua diocese, a fantástica cidade. Trinta minutos depois, o helicóptero pousou em Castel Gandolfo perto dos estábulos, e com isso começava o último capítulo do pontificado de Joseph Ratzinger. Eu não tenho a menor dúvida de que no futuro essas últimas horas do pontificado serão consideradas a chave de todo o período em que Ratzinger foi Bento XVI, pois nessa noite ele conseguiu algo raramente possível a seus sucessores: diante dos olhos do mundo, com sua humildade, ele soube reconduzir a função de papa às origens de Jesus de Nazaré, mesmo que por um breve momento.

O problema de cada um dos papas é que nenhum deles deixa de ser um monarca riquíssimo, festejado como uma superestrela, que mora num palácio gigantesco, desfruta como poucos da atenção da mídia e age como um herói da política no palco mundial. Com tudo isso, ele em nada se assemelha ao homem de Nazaré – alguém totalmente insignificante, na própria época. Jesus andou sua vida toda descalço, pedindo comida e bebida. Durante os oito anos de seu pontificado, Ratzinger se preocupou com algo que nunca teve a ver com ele pessoalmente, pelo contrário: ele queria que Jesus estivesse no ponto central, que a mensagem do homem de Nazaré recebesse toda atenção, e não o bávaro Joseph Ratzinger.

A maneira como ele pensou em ocupar sua função foi anunciada já no início do seu pontificado, em 19 de abril de 2005, quando ele declarou ser um humilde trabalhador nas vinhas do Senhor. Mas o que isso significava? O que o humilde trabalhador nas vinhas do Senhor queria fazer com a Igreja mundial? Como ele queria reconstruir o Vaticano? Que características queria realçar? Essas perguntas ficaram por um bom tempo sem resposta, e por um bom tempo não existiu uma imagem clara desse pontificado. Mas suas últimas horas no cargo falaram mais sobre o papa alemão do que todos os anos passados. De modo geral, a mídia internacional não conseguiu entender que o papa não terminava seu pontificado com uma mensagem de despedida, um tipo de testamento, mas sim com um cumprimento marcado por sóbria simplicidade. Exatamente às 17h40 de 28 de fevereiro de 2013, o 264º sucessor de São Pedro se despede de um bilhão de fiéis com um singelo e discreto "Boa noite"! As últimas duas horas e vinte minutos de seu cargo o papa Bento XVI passaria rezando, antes de se sentar com seu secretário, o arcebispo Georg Gänswein, para jantar.

E isso foi tudo. Nenhuma melancolia, nenhuma dor. Nenhum excesso, nenhum grande gesto. Joseph Ratzinger partiu do jeito como ele via a si mesmo, mesmo quando papa: como um teólogo, como um nada, o que era coerente com a mensagem por ele enunciada. Um homem simples que mostrou à sua maneira que ele agora era "simplesmente um peregrino, que adentra a última etapa de seu caminho sobre esta Terra".

O pontificado de Joseph Ratzinger é muito melhor compreendido pelo seu fim do que pelo seu começo. Bento XVI foi, nesse momento, efetivamente o homem que ele queria ser, aquele cuja importância sequer se compara a uma vírgula isolada, na mensagem de seu senhor, Jesus Cristo.

CASTEL GANDOLFO

A isolada residência de verão dos papas tem para o chefe da Igreja católica um simples objetivo (que agora também beneficia um papa renunciante): não ser incomodado pelos cardeais. Enquanto lá em baixo, em Roma, os últimos cardeais eleitores estão chegando – depois que o decano dos cardeais, Angelo Sodano, solicitou que eles se apresentassem –, o papa "emérito" Joseph Ratzinger começa seu primeiro dia de aposentaria em Castel Gandolfo. Já durante seu papado, Ratzinger reconhecia as vantagens do refúgio. Quando chegava lá no alto, acima do Lago Albano, era imensamente fácil se livrar de solicitantes teimosos que queriam vê-lo sem falta. A resposta a essas súplicas tão urgentes era sempre simples e incontestável: o papa está em Castel Gandolfo, e não há nada que possa ser feito.

No entanto, a vida no palácio pontifício de Castel Gandolfo não é exatamente o que se pode chamar de confortável. Paulo VI não permitiu que o lugar fosse reformado, e quando o papa João Paulo II lá chegou pela primeira vez, o calor do verão era quase insuportável, já que não havia ar condicionado no palácio. Aliás, não havia nem máquina de lavar; as irmãs lavavam as roupas à mão.

O complexo consistia originalmente em apenas uma grande torre de defesa. Entre os séculos XIII e XVI, ele foi transformado em palácio. Em 30 de junho de 1596, o papa Clemente VIII enviou seus soldados ao castelo de Castel Gandolfo e mandou confiscá-lo, pois a família Savelli, a legítima proprietária, não podia pagar suas dívidas. Desde então, a aldeia de Castel Gandolfo passou simplesmente a fazer parte do vasto patrimônio papal. Além do palácio, com suas grandes dependências residenciais e o observatório astronômico, há também moradias e um outro observatório astronômico na área dos parques. Particularmente bonitos são os Palazzo Cybo e sobretudo a Villa Barberini, em cujo território estão os restos do gigante palácio do imperador romano Domiciano. No total, a área das vilas pontifícias em Castel Gandolfo é imensamente maior do que o próprio Vaticano. No palácio, os papas podem relaxar num espaço de 55 hectares, enquanto o Vaticano se limita a 44 hectares.

Quem passear pelo palácio apostólico em Castel Gandolfo vai sempre encontrar vários quadros, pertencentes a um dos maiores admiradores desse magnífico complexo, o papa Clemente XIV (pontífice de 1769 a 1774). Em seu tempo, Clemente era uma espécie de papa da Fórmula 1; ele amava galopar velozmente em seu cavalo branco pelos bosques que cercam os parques. Nessas ocasiões, o papa gostava de despistar seus guarda-costas e com frequência cavalgava sozinho pelos bosques, um prazer impossível para ele em Roma. Mas acabou sendo obrigado a desistir das cavalgadas depois de duas quedas graves.

Fazer pesquisas em Castel Gandolfo era parte das minhas ocupações favoritas, antigamente. Há uma série de motivos para isso. Primeiro, eu podia levar Nuvola ("nuvem") comigo, para o trabalho. Naqueles vastos parques ninguém se incomodava se eu deixasse minha velha cadela mestiça correr livremente. Além disso, em Castel Gandolfo impera na maioria das vezes uma atmosfera muito leve, como se fosse um local de férias propriamente dito. Desde que o papa esteja lá embaixo no Vaticano, ninguém se incomoda com a propriedade, e seus 21 funcionários que têm permissão para morar na área levam uma vida verdadeiramente paradisíaca, em meio aos parques de Sua Santidade – mesmo recebendo um salário líquido de parcos 1 200 euros. O chefe da administração das vilas pontifícias de Castel Gandolfo, Saverio Petrillo, costuma ficar feliz quando há alguma mudança, mesmo porque ele sabe narrar os eventos de quase cinquenta anos de serviço em Castel Gandolfo de modo fantástico.

João Paulo II gostava da simplicidade do palácio. Na residência, ele determinou que nada fosse alterado, mas aceitou de presente uma piscina coberta, oferecida por poloneses exilados nos EUA. Mas ele não quis instalar um ar condicionado, recusando o conforto. Nos últimos anos de vida, João Paulo II era levado de cadeira de rodas ao cômodo mais frio do castelo, localizado sobre o Lago Albano: a cozinha.

Sem o estresse das audiências diárias, a estada em Castel Gandolfo também propicia aos papas a tranquilidade necessária para escrever. Foi ali que João Paulo II redigiu seu *Vamos! Levantai-vos!*. Ele mandou colocarem uma mesinha no jardim na frente da casa papal. Enquanto trabalhava, insistiu que as crianças dos funcionários continuassem brincando no jardim, e às vezes ele as olhava por um longo tempo. Estranhamente, ninguém no Vaticano criticou João Paulo II pelo fato de ele ter escrito livros em Castel Gandolfo; mas não foram tão condescendentes com seu sucessor. Ratzinger teve que ouvir duras críticas por ter feito a mesma coisa. Em Castel Gandolfo, um papa não deve escrever livros sobre Jesus de Nazaré, mas sim reger a Igreja, como se determina. Isso revela o pouco poder que Joseph Ratzinger – ao contrário de Karol Wojtyla – exercia sobre a Cúria.

Foi ali que acordou em 1º de março de 2013 o primeiro papa emérito desde a renúncia de Celestino V, em 1294. Mas nem em seu primeiro dia de aposentadoria, após um estressante e desgastante pontificado de oito anos, Ratzinger quis dormir até mais tarde. O ex-pontífice estava determinado a não mudar sua rotina. Por isso, assim como fazia no Vaticano, às sete horas da manhã, ele rezou a missa da qual tomaram parte suas quatro governantas da ordem Memores Domini, que ele levou com ele, do Vaticano, bem como seu secretário particular, o bispo Georg Gänswein. Dadas as esplêndidas proporções do palácio papal, ali ele pode caminhar pelas vastas suítes de sua sala de trabalho até o grande salão de recepção, a Sala dos Suíços. Ratzinger gostava de fazer caminhadas após as refeições.

Esse hábito também foi cultivado outrora por um monarca como Bento XVI, o imperador Domiciano (51-96 d.C.). Quem alguma vez tiver a chance de passear pelos jardins do papa não pode de modo algum deixar de visitar o pavilhão de caminhadas desse imperador, algo gigantesco, de meia milha romana (quase um quilômetro). Depois de comer, Domiciano passeava pelo pavilhão, protegido do vento, do tempo e de tentativas de assassinato; ele ia e voltava passando pelos despojos de sua guerra na Germânia e na Ásia, e assim percorria diariamente uma milha romana.

Durante esses passeios no palácio apostólico, o papa aposentado também passa pelo local pelo qual os funcionários de Castel Gandolfo há décadas têm muita consideração: a janela voltada para o leste. A equipe de limpeza percebeu que, pela manhã, de maneira inexplicável, como se fosse obra de um fantasma, essa janela ficava embaçada e desenhada com uns riscos – e isso sempre que João Paulo II estava lá. Por muito tempo ninguém conseguiu esclarecer de onde vinham aquelas marcas. "E então, um dia, o próprio papa decifrou o enigma e me confessou que ele gostava de se levantar cedo no verão e pressionar seu rosto na vidraça para poder ver o sol nascendo", me contou Saverio Petrillo.

Era ali, na reclusão do castelo, que o agora papa afastado teria que viver. Ao chegar, ele fez um discurso dirigido à população de Castel Gandolfo dizendo que apreciava estar novamente na natureza. Joseph Ratzinger sempre teve estima pelo parque e também pelo pequeno sítio do local. E, apesar de seu amor pelo parque, permitiu que o antigo privilégio dos noivos de Castel Gandolfo se mantivesse. Quem é de lá e ali se casa no religioso pode tirar fotos no parque do papa. Se os noivos derem sorte, o papa pode estar, por coincidência, passeando por ali.

Um ponto comum entre Joseph Ratzinger e seu predecessor é que ambos elegeram o mesmo lugar como favorito: um lago raso com peixes dourados, em frente à estatua da Mãe de Deus. João Paulo II mandou colocar ali um banco para orações, que Saverio Petrillo manteve em homenagem a Karol Wojtyla, quando este faleceu. Junto a esse lago reza também o agora papa emérito Bento XVI, que finalmente tinha tempo para fazer o que fazem os aposentados. Os funcionários de Castel Gandolfo sempre deixam ao lado do lago um cestinho com farelos de pão, porque Joseph Ratzinger gosta de alimentar tranquilamente os peixinhos, quando ele vai rezar. Ele, o 264º sucessor do pescador Pedro, já não precisa mais pescar pessoas.

NA ANTESSALA DO CONCLAVE

A reunião de cardeais de 4 de março de 2013 em Roma já apontava para uma decisão preliminar para a eleição do novo papa. Em 2005, os cardeais elegeram Angelo Sodano para sucessor de Joseph Ratzinger. Bento XVI ratificou a escolha em 30 de abril de 2005. O homem de Asti, norte da Itália, dividiu a reunião de cardeais em um grupo progressista, que claramente se colocou contra Sodano, e um grupo ultraconservador, que o apoiava. Isso aconteceu após Sodano ter dado uma declaração, na Páscoa de 2010, que o fez perder a reputação entre a maioria do colégio de cardeais. Durante a missa de Páscoa, Sodano assegurou primeiramente ao papa que os 400 mil padres do mundo o apoiariam. Então veio a bomba, quando ele classificou as queixas das vítimas dos escândalos sexuais de "*chiacchiericcio*", o que significa literalmente "papo furado". Muitos cardeais mal conseguiram esconder o assombro, sobretudo os norte-americanos. Mas também os cardeais alemães protestaram ferozmente contra Sodano, atrás dos muros do Vaticano.

Apesar desse descomedimento, Sodano conseguiu, por certo tempo, silenciar as críticas à sua pessoa. Mas não por muito tempo. O protesto dos cardeais contra ele foi tão grande que, meses mais tarde, em 28 de junho de 2010, o Vaticano teve que publicar uma nota de esclarecimento dizendo que o "papo furado" não se referia de modo algum aos escândalos de abuso sexual.

O fato de o grande cardeal decano e secretário de Estado não poder impedir que tal nota fosse emitida demonstrou, alguns meses mais tarde, que aquilo não tinha de modo algum caído no esquecimento e que ainda causava alvoroço por trás dos muros do Vaticano. Desde então, Sodano passou a ser considerado "carta fora do baralho" para a maioria dos cardeais, cuja opinião era a de que a Igreja deveria proceder corajosa e resolutamente contra os escândalos de abuso sexual no mundo todo. Só os cardeais ultraconservadores viam em Sodano um intercessor que não se deixava intimidar pelas ameaças mundiais, alguém que deixava claro quão consciente a Igreja católica estava naquele momento, apesar de todos os ataques. Para os cardeais e bispos que pensavam que a Igreja deveria se unir e se defender, Sodano havia falado com sinceridade.

Acrescente-se a isso o fato de o colégio de cardeais não ser uma reunião de senhores idosos com os mesmos direitos, mas ser regido por uma nítida hierarquia. Basicamente, distinguem-se no colégio três classes de cardeais, chamadas ordens. No fundo, trata-se de um ranking. O direito mais importante, o de eleger o papa, está nas mãos das três ordens. Os cardeais melhor colocados no ranking são os bispos cardeais. Em 2013, foi o cardeal Giovanni Battista Re, que presidiu o conclave. Depois dos bispos cardeais vêm os padres cardeais, dentre os quais o arcebispo de Colônia, Joachim Meisner. Por fim, os diáconos cardeais. Estes podem solicitar a ascensão à categoria de bispo só depois de terem sido padres cardeais por dez anos. No último conclave, um deles teve seus quinze minutos de glória quando anunciou, da sacada da basílica de São Pedro, o nome do novo papa. O francês Jean-Louis Tauran foi foco dos olhares do mundo todo, anunciando uma notícia que interessava bilhões de pessoas.

Mas Sodano ainda tinha contra si outro grupo: os cardeais conservadores moderados da América Latina. Eles não haviam perdoado Sodano pelo maior erro de sua carreira. Após seu envio ao Chile em 1978, ainda como núncio, Sodano não reconheceu ou não quis reconhecer a dimensão da crueldade da ditadura de Augusto Pinochet. Isso ficou evidente quando ele organizou a visita do papa João

Paulo II àquele país. O papa queria encorajar os chilenos a lutarem contra o ditador Pinochet e pela democracia, mas acabou aparecendo diante da multidão em companhia do ditador, a contragosto. No encontro dos dois, no palácio do governo de Santiago do Chile, o ditador levou o papa à sacada debaixo da qual milhares de chilenos aguardavam. O mundo inteiro viu a imagem que João Paulo II quis a todo custo evitar: o papa unido ao brutal ditador que permitia a tortura e o assassinato de milhares de chilenos. Após essa catástrofe para sua imagem, que indispôs milhões de católicos na América do Sul, houve uma briga feroz entre João Paulo II e Angelo Sodano, que deveria ter impedido essa situação.

O fato especial na reunião dos cardeais de 2013 foi o enfrentamento de dois líderes: o número um, o decano dos cardeais Angelo Sodano, e o número dois, o camerlengo Tarcisio Bertone, que também foi secretário de Estado por muitos anos no papado de Bento XVI.

A posição de camerlengo tem um significado especial no sistema de monarquia pontifícia elegível, que impera há mais de mil anos. No instante da morte de um papa, todos os dignitários da Cúria entregam seus cargos, evitando com isso que o novo papa se torne malquisto logo no início de seu papado despedindo todos aqueles que não lhe são favoráveis. O Vaticano não é uma democracia e, com a morte ou mesmo renúncia do monarca, todos os cargos até aquele momento caducam. O novo papa pode então começar do zero sem problemas; se quiser, pode recolocar em seus cargos os mais experientes. Como numa autêntica monarquia absolutista.

Na Corte papal, já se sabe há quase mil anos o quanto é desvantajoso que todos os funcionários do papa, sem exceção, percam seus cargos quando da troca de monarca. Ao menos um deve permanecer: aquele que guarda o tesouro do Vaticano, cuidando para que ele não seja saqueado. Isso tem que ser assim pois ninguém mais pode se responsabilizar por isso, em nome da segurança dos bens.

No século XII, os papas instauraram gradativamente a *Camera Thesauraria*, uma câmara do tesouro, responsabilidade de um *camerarius*. Daí surgiu a atual Câmara Apostólica, que tem a função de administrar as propriedades do Vaticano. Em 15 de agosto de 1976, com a Constituição papal *Regimini Ecclesiae Universae*, o papa Paulo VI confiou a venerável função de guardião do tesouro da Cúria ao camerlengo ("adido à câmara"). Hoje em dia, a função do camerlengo não é mais vigiar para que os cardeais não roubem o papa, mas cuidar da administração e do conclave enquanto a sé está vacante e confirmar a morte do pontífice, quando chegar a hora. Ele tem, portanto, um papel especial, e é o único que continua no cargo após a morte ou renúncia de um papa.

Mas Tarcisio Bertone teve que se conformar em ser o mais insignificante camerlengo dos últimos séculos. Sua suposta tarefa mais importante – confirmar a morte do papa – desta vez não pôde ser cumprida porque o papa simplesmente ainda estava vivo. De qualquer forma, a tarefa mais macabra do camerlengo tinha sido abolida por João Paulo II. O ritual foi realizado pela última vez com o papa João Paulo I, em 1978, quando o camerlengo bateu três vezes com um martelinho de prata adornado com marfim sobre a testa do falecido e lhe perguntou: "*Dormisne*?" ("Você está dormindo?"). Em 2005, a morte de João Paulo II foi confirmada por aparelhos médicos – uma medição de longa duração mostrou que não havia mais nenhuma atividade cerebral.

Já que o camerlengo Bertone dessa vez não precisava organizar um funeral, ele só pôde fazer o que na verdade é sua função menos importante: lacrar o apartamento papal. Esse ato lembra o tempo em que o camareiro tinha que cuidar para que nada da moradia papal fosse roubado.

Embora sua carreira como camerlengo tivesse transcorrido de modo mais do que previsível, Bertone tinha um enorme peso na reunião dos cardeais, porque era também o secretário de Estado.

Ele era, afinal, o dignitário melhor colocado no ranking da "equipe de governo" de Bento XVI, e por isso o homem mais importante na transição para o novo pontificado.

O conclave de 2013 foi desde o início marcado pela inimizade entre os dois protagonistas, Sodano e Bertone. O motivo da tensão estava no fato de a Secretaria de Estado, sob a égide do cardeal Angelo Sodano, poder lançar um olhar retrospectivo sobre os sucessos políticos mais importantes em séculos – graças ao carismático Karol Wojtyla.

Durante a Primeira e a Segunda Guerras Mundiais, a Igreja católica envergonhou a si mesma ao se engajar na guerra e testemunhar crueldades e assassinatos em massa no continente cristão e europeu. Quase todos os papas dessa época falharam. Bento XV (pontífice de 1914 a 1922) não conseguiu impedir que católicos franceses e alemães fossem massacrados em Verdun. Pio XII (pontífice de 1939 a 1958) foi ainda pior: em novembro de 1939 – depois da investida do exército alemão sobre a Polônia e após os primeiros massacres de judeus poloneses –, ele mandou a Hitler suas felicitações pessoais através do núncio Cesare Orsenigo, quando o ditador escapou da bomba de Georg Elsner, em 8 de novembro de 1939, em Munique.

Porém, a figura luminosa de João Paulo II escreveu um capítulo positivo da política mundial do Vaticano. O próprio Michail Gorbatchov admitiu, por ocasião de sua visita ao Vaticano, que a pressão de Karol Wojtyla sobre o regime comunista na Polônia teve uma contribuição decisiva para o fim do império soviético.

Tarcisio Bertone tentou mais de uma vez fazer algo semelhante. Mas sua experiência foi um autêntico fracasso. Nunca mais poderia haver um papa que permitisse que a Secretaria de Estado o afastasse do comando. Naquela reunião, Tarcisio Bertone – da mesma forma que Angelo Sodano com sua declaração sobre um "papo furado" – dividiu o colégio de cardeais em duas facções: os partidários determinados e os inimigos ferozes.

Essa polarização foi ainda mais intensificada pelo caso Carlo Maria Viganò, que foi transferido por Bertone para os Estados Unidos, depois que toda as histórias de corrupção e nepotismo do Vaticano começaram à vir à tona. Os partidários de Bertone queriam impedir a todo custo que Viganò fosse mais adiante nas investigações, enquanto seus adversários se revoltavam porque, na sede do Vigário de Cristo, um honrado descobridor de escândalos tinha sido mandado para longe.

Tanto Angelo Sodano quanto Tarcisio Bertone – e também todos os demais cardeais presentes – juraram, naquela manhã de 4 de março, manter silêncio. Também nesse dia os cardeais alemães levaram uma dura advertência. O porta-voz papal Federico Lombardi anunciou, na coletiva de imprensa, os nomes dos cardeais eleitores que, apesar do início dos aconselhamentos, não tinham considerado importante dar o ar da graça em Roma. Dentre eles estavam o cardeal de Munique, Reinhard Marx, e todos os cardeais alemães que não moravam em Roma e que, pelo visto, não queriam fazer o curto trajeto pelos Alpes: Karl Lehmann, Joachim Meisner e Rainer Maria Wölki. Quanto a Walter Kasper e Paul Josef Cordes, esses não precisavam viajar, pois já moravam em Roma.

O clima no primeiro dia dos aconselhamentos no salão de audiência Papa Paulo VI foi marcado por grande desorientação. Naquele local onde, normalmente, multidões de peregrinos aclamam um papa, os cardeais discutiam pessoalmente pela primeira vez quem poderia ser o próximo papa. Nas inúmeras entrevistas dadas pelos cardeais antes do começo das congregações, sempre se comentava como deveria ser difícil eleger o homem certo.

O problema central parecia quase intransponível, pois os cardeais sabiam que, para lidar com os problemas da Igreja, seria necessário um verdadeiro santo – como Karol Wojtyla. O que eles fariam nos próximos dias estaria relacionado a esse único ponto. Era necessário tentar adivinhar quem dentre eles podia ser um santo.

Antes do início da congregação, uma série de cardeais disse o que a maioria pensava: para eles, era completamente indiferente de onde o futuro papa viria, qual língua falaria ou qual seria sua cor de pele. O espanhol Carlos Amigo Vallejo ainda enfatizou isso uma vez mais, pouco antes do conclave. O importante é que o escolhido fosse alguém com uma auréola de santo, alguém que preencheria seu cargo bravamente. Assim como Karol Wojtyla.

Pois que Wojtyla seria santificado, disso os cardeais não tinham a menor dúvida. A arrebatadora reação mundial à sua beatificação, em 1º de maio de 2011, já havia mostrado isso. O povo católico não tinha esquecido as reivindicações que marcaram o próprio dia da morte de Karol Wojtyla, quando exigiram "*santo subito*" ("santo já!").

Eu ainda me lembro muito bem da impressão que mais de 250 mil jovens causou nos cardeais quando, em 29 de março de 2005, pouco antes da morte de João Paulo II, eles se reuniram na praça de São Pedro e cantaram antigas canções do Dia Mundial da Juventude, como "*Jesus, you are my life*". Eu ainda guardo na memória que cardeais como o arcipreste de São Pedro, Angelo Comastri, foram para a praça e perguntaram aos jovens quem os tinha enviado, qual diocese havia organizado a viagem, quem tinha arcado com as despesas, onde eles estavam hospedados. Cardeais como Comastri não conseguiam entender como aqueles jovens tinham vindo espontaneamente do mundo todo. Eles haviam sacado todo o dinheiro de suas contas, nos Estados Unidos, Alemanha, Polônia, Argentina... e ido para Roma porque queriam estar perto do papa moribundo. Eu vi lágrimas nos olhos de Comatri e de outros cardeais. Os jovens na praça acreditavam que o papa e a Igreja haviam mudado o mundo para melhor, e foram lá para agradecer. Eu nunca tinha visto um exemplo tão positivo da força da fé.

Oito anos mais tarde, os cardeais admitiram que a despedida de Joseph Ratzinger nem sequer chegara perto disso. O decano dos cardeais, Angelo Sodano, enviou em 5 de março de 2013, em nome da congregação dos cardeais, um telegrama frio, como uma carta comercial, ao papa renunciante em Castel Gandolfo. Nela, ele falava da imensa gratidão pela sua obra como papa e também falava de especial alegria. Em 25 anos de trabalho no Vaticano, eu li centenas de telegramas que nada dizem. E esse era exatamente assim: não tinha qualquer simpatia ou sentimento. E foi justamente a Igreja ortodoxa russa, há séculos inimiga da Igreja católica romana, tendo até hoje recusado todos os planos de uma visita do papa a Moscou, quem enviou um telegrama cheio de calor e reconhecimento. Kirill I, o patriarca da Igreja ortodoxa russa, escreveu sobre um "amor fraternal [...] num momento tão especial", desejando ao papa "muitos anos de vida". Entrará para a história da Igreja católica romana que o papa Bento XVI tenha experimentado mais estima de uma Igreja inimiga do que de sua própria gente.

E então aconteceu algo em Roma que teria sido impensável na época da morte do papa João Paulo II: vários cardeais criticaram abertamente e sem meias palavras o pontificado de Bento XVI. Para o Vaticano, esse era um comportamento inconcebível e sem precedentes. A dureza da crítica ao papa renunciante parecia expressar uma coisa: o colégio de cardeais estava convencido de que São Karol Wojtyla havia tomado o caminho certo para guiar a Igreja, ao passo que Joseph Ratzinger tinha enveredado pelo caminho errado. O cardeal de Sydney, George Pell, por exemplo, falou à emissora Seven Network de uma forma atipicamente dura, dizendo que a capacidade de comandar a Igreja não era o ponto forte de Bento XVI. Não satisfeito com isso, Pell logo colocou mais lenha na fogueira e criticou duramente a renúncia do papa, embora o Vaticano tivesse acabado de celebrar esse acontecimento como algo infinitamente sábio, corajoso e humilde. O australiano ainda disse que um caso como o de Joseph Ratzinger jamais poderia se repetir, e que o próximo papa deveria respeitar a tradição, algo que atinge a fé do mesmo jeito que as questões morais.

Como é que é? Poucas horas depois da renúncia bombástica de Bento XVI, um cardeal o acusa de ter ultrajado as tradições da Igreja católica? Mas que diferença colossal para o fim do papado de João Paulo II! Naquela época, a Igreja católica organizou uma infinidade de missas em agradecimento a Deus, expressando a alegria por Ele ter presenteado todos com um papa tão notável. Após a morte de Karol Wojtyla, a Igreja desfrutou do enorme respeito e reverência que mesmo os não católicos manifestavam pelo papa do milênio. Até então, a Igreja católica esperava que apenas os católicos se interessassem pelo destino do papa, que apenas os católicos lamentassem sua morte. Mas o fenômeno João Paulo II mudou tudo. Três presidentes norte-americanos – nenhum deles era católico – ajoelharam-se junto ao caixão de Wojtyla: George Bush pai, George W. Bush e Bill Clinton. Ainda que o papa tivesse criticado duramente os três por causa das guerras dos EUA e do exercício de sua força. A missa de réquiem para Karol Wojtyla detém até hoje o recorde de maior reunião de autoridades: mais de duzentos chefes de Estado ou de chefes de governo e representantes foram a Roma. Um gigante havia feito história.

Para a despedida de Joseph Ratzinger, nem um único chefe de Estado e de governo veio. Nem mesmo a chanceler alemã Angela Merkel compareceu. O único político de categoria presente era Horst Seehofer, o ministro presidente da Baviera. A renúncia ferozmente questionada do papa Bento XVI e principalmente sua despedida nada espetacular mexeram com o Vaticano de uma maneira negativa. Os cardeais não deixaram dúvidas sobre a necessidade de procurar um homem que correspondesse ao perfil de Karol Wojtyla, e não de um teólogo como Joseph Ratzinger, que não quis de maneira alguma ter se tornado papa.

O fato de ter sido justamente o cardeal Pell a criticar o papa com tanta dureza estava ligado à sua deselegante briga com Bento XVI. O papa havia oferecido a Pell um trabalho extremamente atraente como diretor da Congregação para os Bispos, posto muito cobiçado entre os cardeais. O chefe dos bispos é uma espécie de "vice-papa", responsável, junto ao sumo pontífice, pelo provimento dos mais de cinco mil cargos de bispos no mundo. Quem representa essa congregação controla a Igreja mundial, tendo a administração da Igreja sob seu poder total mundo afora. Carreiras podem ser alavancadas ou destruídas. Bento XVI havia prometido o cargo ao cardeal Pell já durante o Dia Mundial da Juventude em 2008, em Sydney, mas então algo aconteceu entre os dois, e Joseph Ratzinger acabou oferecendo o supercargo a outro cardeal, Marc Ouellet. Ouellet tinha a absoluta confiança de Joseph Ratzinger por ter trabalhado na revista *Communio*, e compartilhava das mesmas opiniões conservadoras do papa. A preferência dada a Oullet decepcionou Pell de modo evidente. A mim, pessoalmente, foi algo doloroso; eu conheci o cardeal Pell durante o Dia Mundial da Juventude em Sydney, em 2008, e o estimava bastante. Era um homem conservador, mas muito brilhante!

Mas onde conseguir outro santo como Karol Wojtyla? Será que ele estava entre os 115 cardeais papáveis? Os repórteres perguntaram a vários cardeais, por exemplo o sul-africano Wilfried Fox Napier, que prontamente concedeu uma entrevista na frente do Hotel Kolumbus, se na opinião deles haveria um santo entre os votantes. Eu não podia dizer nada, mas logo pensei em Karol Wojtyla.

João Paulo II não explicou a religião como Joseph Ratzinger quis fazer. Ele simplesmente a viveu – tentando o impossível, com nada além de suas mãos vazias e sua fé. Quando se dizia que a juventude definitivamente havia debandado da Igreja, ele inventou o Dia Mundial da Juventude. Milhões foram até ele. Quando o general Wojciech Jaruzelski suprimiu a revolta do sindicato Solidariedade e da Igreja na Polônia, Karol Wojtyla, que não dispunha de nenhum exército, opôs-se aos soviéticos e a seus vassalos. E venceu – não por ser teólogo ou político, mas sim pela cruz de Deus. Assim acontecera o que eu havia sentido: a santidade daquele homem.

Uma importante mudança de curso para o conclave de março de 2013 foi a proibição de os cardeais se mudarem para a Domus Sanctae Marthae. Desde a última audiência do papa Bento XVI, em 27 de fevereiro, os cardeais de um mesmo país moravam preferencialmente juntos em Roma, por dias ou semanas, em um colégio de padres ou em uma casa mantida pela Conferência dos Bispos de sua terra de origem. Ou seja, os grupos nacionais ou regionais de cardeais haviam tido bastante tempo sob o mesmo teto para se aconselharem mutuamente. Isso acabou fazendo com que cardeais de um país se aproximassem mais do que se se apresentassem no conclave como grupos nacionais fechados. O que deu certo principalmente para um grupo: os cardeais da Cúria sabiam que tinham boas chances de fazer papa alguém de suas fileiras, se ficassem unidos e, sobretudo, se os cardeais de fora não conseguissem formar uma aliança internacional, rompendo fronteiras e construindo um candidato favorito da oposição. Para isso, eles precisariam do último minuto no Domus Sanctae Marthae, e era exatamente o que eles não tinham, já que a Cúria não permitiu que eles fossem para lá. O que os cardeais da Cúria subestimaram além da conta foi o ressentimento que se erguera contra eles, de tal modo que não foi necessário nenhum longo aconselhamento na Casa de Santa Marta. Uma coisa era certa: o escolhido tinha que ser um homem anti-Cúria, e ninguém correspondia tão perfeitamente a esse perfil quanto o cardeal Jorge Mario Bergoglio.

CANDIDATOS 1: OS ITALIANOS

O maior grupo nacional era naturalmente representado pelos italianos. É verdade que o tempo em que eles podiam contar com uma ampla maioria no colégio de cardeais já havia passado, mas com 28 cardeais, eles ainda formavam um bloco considerável. Desde o começo, estava claro que um deles em especial podia ser a superestrela: o cardeal Angelo Scola.

Se quisessem facilitar a decisão e terminar o conclave mais cedo, os cardeais tinham uma solução bem simples: eles poderiam fazer o que a Igreja havia feito durante séculos, e promover a papa o patriarca de Veneza ou o arcebispo de Milão. Isso sempre deu certo. Assim, o patriarca de Veneza Giuseppe Sarto tornou-se o papa Pio X em 1903, o patriarca Angelo Roncalli tornou-se João XXIII em 1958, e o patriarca Albino Luciane tornou-se João Paulo I em 1978. Da mesma forma, o cargo de arcebispo de Milão serviu desde tempos remotos como trampolim para alguém se tornar papa: o arcebispo Giovanni Montini subiu ao trono como Paulo VI em 1963, Giovanni Angelo Medici tornou-se Pio IV em 1559, e Umberto Crivello foi Urbano III em 1187.

Angelo Scola vinha de uma carreira brilhante. Ele foi patriarca de Veneza e depois arcebispo de Milão, tornando-se o chefe da diocese mais importante da Itália – e com isso duplamente predestinado. Os únicos problemas de Scola eram sua amizade com o político considerado corrupto Roberto Formigoni, antigo presidente da Lombardia, além de sua idade relativamente avançada: com 71 anos, o estressante trabalho de papa lhe custaria muita energia. O fato de ser um confidente e aluno de Joseph Ratzinger não o havia prejudicado no conclave. Isso significava que ele provavelmente poderia manter um relacionamento cordial e sem manchas com o papa aposentado.

CANDIDATOS 2: OS NORTE-AMERICANOS

Os cardeais dos EUA deixaram logo no início das reuniões em 4 de março de 2013, no Salão do Sínodo do hall de Audiências Papa Paulo VI, uma impressionante imagem de coesão chegando juntos num ônibus preto; ao contrário dos representantes dos outros grupos nacionais, que entraram separados. Muitos italianos que serviam como cardeais da Cúria ou moravam no Vaticano foram simplesmente a pé, como Crescenzio Sepe, de tal modo cercado por repórteres que quase gritou por socorro. No dia seguinte, o segundo dia das congregações dos cardeais, os alemães ainda não estavam todos lá. Karl Lehmann, por exemplo, ainda tinha uma palestra para fazer na Alemanha e se juntaria aos demais só no terceiro dia das deliberações.

A coesão dos cardeais norte-americanos tinha a ver também com o fato trivial de eles estarem morando todos juntos no gigantesco complexo do colégio norte-americano, situado num idílico local da colina Gianicolo, bem perto do Vaticano. Já os italianos estavam espalhados por toda Roma, em residências de serviço ao redor do Vaticano. Mas os americanos esnobaram seus colegas de cargo usando de uma estranha jogada individual, e com isso perderam boa credibilidade e influência sobre o colégio de cardeais. Antes do conclave de 2005, foi estabelecida uma regra clara para ser seguida durante as congregações de cardeais: nada de entrevistas. Desde então, os cardeais tiveram que se ater a essa focinheira autoimposta.

No entanto, durante as reuniões que se seguiram a partir de 4 de março de 2013, o acordo não parecia estar tão claro assim.

Os americanos se encontravam numa situação fora do comum. Centenas de jornalistas compatriotas seus e inúmeros canais de televisão foram para Roma. A pressão da mídia era imensa. E os cardeais americanos mantinham uma postura em relação à imprensa diferente da maioria de seus colegas de cargo. Eles pareciam apreciar de modo especial o interesse da mídia, enquanto sobretudo os cardeais alemães se encerravam atrás de um muro de silêncio.

Entendi as causas desse comportamento depois de ter conversado com a filha de Martin Luther King, a pastora batista Bernice King. Durante a visita do papa a Nova York em 2008, Bento XVI tinha se encontrado com ela. Quando nos falamos, ela se mostrou invejosa com a inacreditável presença do papa na mídia norte-americana: "Eu simplesmente não consigo entender que o papa esteja sendo visto em todos os canais de TV dos Estados Unidos vinte e quatro horas por dia. Outra Igreja qualquer teria que gastar centenas de milhões de dólares para conseguir aparecer tanto. A força que a Igreja católica tem é muitíssimo impressionante".

Estava claro para os candidatos americanos a vantagem do interesse da mídia na eleição papal, principalmente para os EUA. Eles ganhariam horas de transmissão na televisão norte-americana – e completamente grátis! O sagaz cardeal nova-iorquino Timothy Michael Dolan disse abertamente que queria usar a presença de tantos jornalistas e o grande interesse da mídia. Por este motivo é que os cardeais americanos organizaram um encontro com a imprensa extremamente concorrido. Eles queriam passar "informações dos bastidores", pelas suas próprias palavras, e estavam dispostos a dar entrevistas.

O juramento de sigilo absoluto em relação ao que é falado durante as deliberações das congregações não foi visto pelos norte-americanos como empecilho para tal encontro com a imprensa. Eles queriam falar sobre a postura da Igreja americana naquela situação, respeitando o voto de sigilo. Isso se traduziu em dois encontros naquela mesma semana: um oficial do Vaticano, durante o qual o porta-voz papal Federico Lombardi se atentou meticulosamente ao que dizia para não deixar escapar uma palavra sobre o que havia sido tratado durante as congregações; e outro à tarde, com a coletiva de imprensa dos candidatos americanos. Todos os outros países haviam desistido de coletivas. A jogada dos purpurados dos EUA gerou indisposições, pois nos jornais italianos surgiram detalhes sobre o que os cardeais haviam discutido em deliberações secretas. Imediatamente, os americanos se transformaram em suspeitos de terem vazado essas informações. Teriam eles dado com a língua nos dentes?

Os demais cardeais tinham a sensação de que seus colegas americanos se arrogavam o papel de representantes de um superpoder que lhes era vedado. Por causa disso, o camerlengo Tarcisio Bertone aumentou a pressão sobre eles, e o resultado foi que, em 6 de março, eles cederam e cancelaram a coletiva da tarde, alegando que houvera "divergências por causa da manutenção do segredo". Para eles, isso era sinônimo de uma severa repreensão, como se os demais cardeais não confiassem neles. Esse mal-estar acabou determinando uma decisão preliminar para a eleição papal: por causa de sua jogada, os americanos passaram a ser vistos como arrogantes "sabe-tudo" que sequer respeitaram o sigilo, o que angariou o desprezo de muitos cardeais. Suas chances de impor um favorito pareciam estar acabadas. O que os fez mudar de estratégia: a partir de então, resolveram manter a discrição. Não se cansavam de enfatizar que não queriam ter muita influência sobre o conclave, por exemplo. Durante a eleição de Jorge Mario Bergoglio, essa decisão preliminar revelou-se decisiva. Os candidatos americanos nem tentaram fazer de um deles o novo papa, e fortaleceram Bergoglio desde o princípio.

Os cardeais dos Estados Unidos serviram-se de um mecanismo que marcaria o conclave para a eleição do 266º papa: o mecanismo de exclusão. Esse método era completamente novo. O fato de Joseph Ratzinger ter deixado claro mais de uma vez que não queria de maneira alguma ser o novo papa não teve consequências de nenhum tipo – os cardeais votaram nele do mesmo jeito. Mas os participantes do conclave de 2005 tiveram que reconhecer, com o passar do tempo e, no limite, no momento de sua renúncia, que não havia sido uma boa ideia nomear papa um homem que não queria exercer aquele cargo de maneira alguma. Sua explicação aos peregrinos da Baviera, pouco depois da eleição que tinha comparado a uma execução ("quando a guilhotina caiu"), possivelmente marcou o início de um capítulo obscuro na história da Igreja. Tal insistência – de fazer papa um homem que afirmava explicitamente não querer essa função e que, no melhor dos casos, imporia a si mesmo tal jugo por sentir que era uma obrigação – os cardeais não ousariam novamente.

O primeiro cardeal a entender isso e a fazer imediatamente uso do novo método de exclusão foi Sean O'Malley, de Boston. Ele explicou que estava "aterrorizado" com a ideia de poder ser eleito papa. O padre capuchinho O'Malley carregava uma fama extraordinária por ter posto ordem na diocese de Boston. Ele não hesitou em vender para o Boston College seu próprio palácio, a residência do bispo, para evitar a falência. Seu antecessor, o bispo Bernard Francis Law, tinha se demitido de suas funções e fugido para o Vaticano, pois em Boston estava ameaçado de prisão por ter encoberto casos de abuso sexual. O passaporte diplomático do Vaticano foi o que protegeu Law. Os pagamentos de indenizações levaram a diocese à beira da ruína, até que O'Malley apareceu. Mesmo com sua fama, o cardel colocou-se fora da jogada.

Também uma estrela entre os candidatos americanos, Timothy Dolan, de Nova York, gostava de brincar dizendo que nem em sonho queria ser papa. Ele comparava a possibilidade com a de ser convocado para o time de futebol dos New York Yankees.

O golpe mortal definitivo para uma candidatura bem-sucedida de um dos cardeais norte-americanos foi desferido pelo bispo de Washington, Donald Wuerl, contra os purpurados de seu país, imediatamente depois das deliberações na congregação dos cardeais. Ele explicou que "um papa vindo da superpotência EUA teria grandes dificuldades de transmitir ao resto do mundo uma mensagem espiritual".

Seus colegas em Roma entenderam imediatamente o recado. Jesus não foi um romano, não fazia parte da superpotência Roma, mas o contrário. Ele era um simples judeu, um "rabi" do povo arrasado. Jesus também não detivera qualquer tipo de poder terreno.

Os cardeais da congregação estimavam tanto a posição dos candidatos americanos que muitos mal conseguiam esconder sua decepção por eles terem abertamente se retirado da corrida. Eles eram sinônimo de uma grande, indiscutível e representativa vantagem para a Igreja: dinheiro. Um papa americano teria o privilégio incontestável de poder levantar somas substanciais nos EUA, que seriam revertidas em proveito da Igreja mundial.

Além da força financeira, havia ainda outro motivo para que os candidatos americanos apresentassem um papa: àquela altura, eles pareciam ser o ponto de contato ideal na era de sucessos da Igreja católica, quando o Vaticano ainda era ligado aos Estados Unidos. William Joseph Levada, antigo chefe da Congregação para a Doutrina da Fé, me explicou numa longa entrevista como imaginava o futuro da Igreja: "Há muitas pessoas nos EUA que têm a sensação de que os americanos combatem o mal junto à Igreja. Os presidentes americanos que comemoraram em Berlim a queda do muro sabiam que a vitória na Guerra Fria não se devia somente à tecnologia armamentista superior e ao desempenho econômico dos EUA, mas também à Igreja". Para ele, fazia sentido reatar os laços que permitiram aos EUA e ao Vaticano – com Ronald Reagan e Karol Wojtyla – combater o império soviético com sucesso, chamado de "império do mal", e assim se fazer esquecer os escândalos da Igreja dos últimos anos.

CANDIDATOS 3: OS ALEMÃES

Uma sutileza se encarregou de reduzir o número de cardeais alemães eleitores a somente seis, e com isso eles constituíam o terceiro grupo mais forte, depois dos italianos e dos norte-americanos. Walter Kasper completou oitenta anos em 5 de março de 2013. Segundo a Constituição papal (*Romano Pontifici eligendo*), do papa Paulo VI, de 1975, os cardeais que já completaram oitenta anos ficam excluídos da eleição papal. Com isso, Kasper não poderia mais participar. A data limite, contudo, não é o dia do início do conclave, mas sim o dia do início da sé vacante, o momento a partir do qual o trono do papa está vazio. E Bento XVI havia determinado que a sé vacante teria início a partir de 28 de fevereiro às 20h. Àquela altura, Kasper tinha 79 anos. Por isso, tinha direito a participar da eleição e entraria no conclave como o cardeal mais velho.

Os seis cardeais alemães estavam numa situação historicamente singular. Eles vinham do mesmo país do último papa. Só que boa parte dos fiéis alemães era pouco afeita àquele papa, bem como alguns dos cardeais alemães. Mas poucos no Vaticano tinham noção disso. O mundo inteiro, como meu amigo vaticanista Andrea Tornielli, acreditava que os cardeais alemães eram um grupo extremamente poderoso. Afinal, eles tinham mesmo imposto um papa alemão ou não?

Muitos cardeais haviam eleito Joseph Ratzinger porque ele fora o mais íntimo confessor de Karol Wojtyla. Obviamente, havia se pressuposto que os cardeais alemães apoiariam com especial fervor a candidatura de Ratzinger. Mas essa pressuposição estava totalmente errada. No grupo dos cardeais alemães que participaram do conclave para a eleição de Bento XVI, estavam dois ferrenhos opositores de Ratzinger, mesmo que não tivessem admitido essa oposição publicamente: Walter Kasper e Karl Lehmann. As feridas que a briga de 1993 entre Kasper e Ratzinger abriu não estavam realmente curadas em 2005. Naquela ocasião, Ratzinger ainda era prefeito da Congregação para a Doutrina da Fé. Kasper, junto a Lehmann, fez uma declaração a respeito dos divorciados que se casam novamente. Ambos questionaram a regra da Igreja que proíbe a essas pessoas os sacramentos católicos, portanto não permite outro matrimônio. Ratzinger então ordenou que os dois se abstivessem de fazer declarações e ainda os obrigou a retirar tudo o que tinham dito na frente do púlpito.

O conflito com Karl Lehmann foi ainda mais longe, na discussão sobre se a Igreja deveria se afastar ou não do sistema de aconselhamento em casos de gravidez, que já era oferecido há muitos anos. Após recebê-lo, as mulheres podiam escolher entre ter a criança ou fazer um aborto legal, para o qual um certificado de aconselhamento emitido pela Igreja católica as habilitava. A maioria dos bispos alemães queria continuar com o sistema, como o presidente da Conferência dos Bispos Alemães, Karl Lehmann. Já Ratzinger era contra, pois, segundo sua interpretação, ao emitir o certificado, a Igreja também era culpada pela interrupção de uma vida. Em 1998, Ratzinger impôs sua posição, e Lehmann ficou profundamente decepcionado e magoado.

A escolha de Ratzinger como papa desferiu um golpe em Kasper e Lehmann. A partir daquele momento, eles teriam que atuar como soldados exemplares do papa Bento XVI, até porque Kasper estaria bem próximo ao papa como chefe do Conselho para a Unidade dos Cristãos –, mas daí não sairia mais que uma relação cordial. O papa alemão também não foi especialmente representativo para parte dos membros da Igreja alemã. Bento XVI vinha da terra-mãe da Reforma e conhecia muito melhor a complicada rede de relações da Igreja católica com as Igrejas luterana e evangélica do que qualquer papa italiano. Mas quase não imprimiu marcas em seu pontificado justamente nessa esfera, que era uma das principais preocupações dos cardeais alemães: o ecumenismo.

Bento XVI também falhou em outra importantíssima questão para os cardeais alemães: a relação com os judeus. Esse era um tema tão árduo que mal foi discutido. O desastre da reabilitação do homem que tinha negado o holocausto, o bispo Richard Williamson, fez com que o parlamento de Jerusalém considerasse a hipótese de romper definitivamente as relações diplomáticas que mantinha com a Santa Sé, agora governada por um alemão. Ou seja, em vez de imprimir uma marca histórica reconhecendo a culpa dos alemães católicos pela afirmação disparatada de Williamson, retomando os laços com o povo judeu, Bento XVI ouviu uma dura advertência de Israel.

Bento XVI também causou desagrado em parte dos funcionários efetivos da Igreja alemã. Isso aconteceu na sua visita a Freiburg, em setembro de 2011. O papa exigiu uma "desmundanização" da Igreja, afirmando que ela não podia se acostumar aos privilégios estatais. Mas então como o papa podia ficar com os impostos pagos à Igreja pelos católicos alemães e aceitar um exército de funcionários pagos pelo Estado? Muitos funcionários da Igreja sustentados pelo Estado ficaram chocados com essas palavras, se perguntando quem os pagaria e como eles ganhariam seu sustento. A Igreja católica não poderia dar conta dos enormes gastos de seu grande aparelho administrativo sem a cooperação do Estado alemão.

Assim, durante a preparação do conclave, os cardeais alemães perceberam a situação: a Igreja era efetivamente comandada por um alemão, mas esse alemão não tinha recebido muito apoio de seu próprio país, por não ter privilegiado os interesses da Igreja germânica. Por isso, eles preferiam apoiar um candidato que entendia as preocupações alemãs: o cardeal Christoph Schönborn, arcebispo de Viena.

CANDIDATOS 4: OS AFRICANOS

O maior perdedor das deliberações iniciais foi o chefe do Pontifício Conselho da Justiça e da Paz, cardeal Peter Kodwo Appiah Turkson, de Gana. De nada adiantou ele ter vindo com seu próprio carro de trabalho, que ele adorava dirigir em Roma. Turkson arruinou suas chances de se tornar o primeiro papa negro da história numa entrevista a uma emissora norte-americana. Ele explicou que a cultura africana, que tradicionalmente proscreve a homossexualidade e desaprova "todo caso entre pessoas do mesmo sexo", isentou o continente africano do abuso de crianças exatamente por esse motivo. Essa afirmação é cientificamente insustentável e um tremendo absurdo, já que se provou há muito tempo que homossexualidade e abuso de crianças são duas coisas completamente diferentes. Tanto homens heterossexuais como homossexuais podem se sentir atraídos por crianças.

E foi assim que essa entrevista acabou com as chances de Turkson. O candidato da África estava fora da corrida.

CANDIDATOS 5: OS LATINO-AMERICANOS

Grande parte da imprensa italiana parecia estar completamente convencida de que no conclave só havia duas possibilidades: ou os poderosos cardeais da Cúria imporiam sua vontade, sustentados pelos 28 cardeais italianos, ou um cardeal da América Latina seria eleito. E todos os *vaticanisti* italianos pareciam concordar sobre quem seria: o cardeal de São Paulo, Odilo Pedro Scherer.

O brasileiro tinha vários motivos para ser considerado o candidato ideal. Primeiramente, ele vinha da América Latina, ou seja, de uma região onde vive a maioria dos católicos deste planeta – Paulo VI já havia até chamado a América Latina de continente da esperança. Scherer cuidava dos pobres em São Paulo e, ao mesmo tempo, conhecia bem a Cúria romana. Como membro da Congregação para os Bispos, ele tinha muitos contatos em todo o mundo – uma nítida vantagem. O que pesava contra Scherer e podia tornar sua vida difícil era sua posição no conselho fiscal do banco do Vaticano, o Istituto per le Opere di Religione (IOR). Os cardeais o haviam questionado durante as congregações que aconteceram antes do conclave, mostrando de modo patente o quanto estavam irritados pela reputação dos membros da Igreja católica como um todo ter sido arruinada em decorrência dos negócios ilegais do banco.

E havia ainda o segundo latino-americano: Jorge Mario Bergoglio, o arcebispo de Buenos Aires. A imprensa italiana não lhe dava chance alguma por dois motivos: ele era velho demais e doente demais. Bergoglio tinha 76 anos. Não havia Joseph Ratzinger justificado sua renúncia dizendo que não tinha mais forças? Em seu pontificado, João Paulo II mudou drasticamente a função de papa, e desde então era preciso trabalhar mais do que antigamente. Se mostrar para os fiéis umas poucas vezes por ano no balcão papal da basílica de São Pedro já não era mais o suficiente. Por isso, um homem de 76 anos, que não tinha mais uma parte do pulmão direito, parecia não ter chances.

Eleger um homem como Bergoglio seria, além disso, uma afronta concreta à Cúria romana. Isso porque todos sabiam que Bergoglio sempre a enfrentou ferozmente. Sua eleição significaria virar tudo de ponta-cabeça. Bergoglio fora o único adversário forte de Ratzinger no conclave de 2005. Naquela ocasião, coube ao jesuíta um terço do total de votos, até que de repente ele pediu aos cardeais que não votassem mais nele. Em 2013, Bento XVI se despediu dele com especial cordialidade, no último encontro com os cardeais.

ESPERANÇA E TEMOR NA CÚRIA

A renúncia do papa Bento XVI e o conclave iminente desencadearam um certo pânico dentro da Cúria. Mais duas questões martirizavam seus membros agora: quem sobreviveria à renovação da Cúria e quem seria demitido?

Joseph Ratzinger prestou um grande serviço a seu sucessor num ponto indiscutível. O preenchimento do segundo cargo mais importante no Vaticano, o de cardeal secretário de Estado, havia se tornado mais fácil por seu ocupante, Tarcisio Bertone, já ter 78 anos na época da renúncia. Ele tinha ultrapassado a idade limite dos cardeais da Cúria em três anos, já que o 75º aniversário costuma ser o fim de uma carreira no Vaticano. É possível que o papa conceda uma prorrogação de um ou dois anos – o que acontece com frequência –, mas um cardeal de 78 anos não deve esperar isso. No máximo, o novo papa lhe dará alguns meses para que ele arrume o escritório e seu sucessor comece a trabalhar.

Preencher esse cargo não deveria ser problema para o papa Francisco. Entretanto, bem diferente é o terceiro cargo mais importante, o de prefeito da Congregação da Doutrina da Fé. Bento XVI convocou para essa função seu confessor mais íntimo, Gerhard Ludwig Müller, antigo arcebispo de Regensburg, só em 2 de julho de 2012 (ele era funcionário da Congregação desde 2007). À época da renúncia de Bento XVI, Müller era, para os padrões do Vaticano, um jovem promissor de 65 anos. Não havia praticamente nenhuma dúvida quanto à sua capacidade para exercer esse cargo.Na verdade, o problema de Müller era outro: sua extrema proximidade com Joseph Ratzinger.

Em 31 de outubro de 1999, em Augsburg, Christian Krause e o cardeal Edward Idris Cassidy, representando respectivamente a Liga Mundial Luterana e a Igreja católica, assinaram a Declaração Conjunta sobre a Doutrina da Justificação. Sem dúvida, isso foi um marco nas relações entre as duas Igrejas. Mas em sua consagração como bispo, em 24 de novembro de 2002, Gerhard Ludwig Müller escolheu como lema de seu bispado exatamente o tema dos controversos escritos de Joseph Ratzinger: "*Dominus Iesus*"[4]. Ratzinger os publicara em 2000, desencadeando um conflito violento. Em seus escritos, o prefeito da Congregação para a Doutrina da Fé dizia que as Igrejas evangélicas e luterana não eram de modo algum Igrejas segundo o entendimento católico, mas sim meras associações eclesiásticas. Havia apenas uma Igreja: a católica, que se reporta a Cristo como seu fundador. Em decorrência dessa afirmação, um escândalo estourou. O presidente da Liga Mundial Luterana, Christian Krause, cancelou a participação já confirmada no culto ecumênico de encerramento do Jubileu, no começo de 2001, com a presença de João Paulo II em Roma, diante da basílica de São Pedro. Nos anos seguintes, parecia ter se chegado a uma ruptura nas relações entre as Igrejas luteranas, evangélicas e a católica. Obviamente, a declaração de Joseph Ratzinger foi recebida pelos luteranos e evangélicos como aviltante. Seria mesmo necessário afrontar as outras Igrejas dessa forma, ainda mais depois de uma reconciliação provisória?

E Gerhard Ludwig Müller tinha escolhido justamente o "*Dominus Iesus*" como lema de seu bispado! Em suas diferentes funções, Müller também era o chefe de uma comissão para o ecumenismo na Alemanha. Isso era criticado tanto pelos católicos quanto pelos evangélicos – as posições conservadoras de Müller não necessariamente facilitavam a aproximação das Igrejas.

---

4 O Instituto Bento XVI de Regensburg vai preparar a edição completa dessa obra em dezesseis volumes. (N.E.)

Por isso, cabe agora ao papa Francisco decidir se quer manter como Chefe da Congregação para a Doutrina da Fé um homem que cultiva tamanha proximidade com Joseph Ratzinger, um homem que faz questão de disseminar as obras de Ratzinger por ordem deste. Há dúvidas se Müller conduzirá a Congregação para a Doutrina da Fé nos termos do novo papa ou nos de seu venerado antecessor. Suspensa sobre a cabeça do prefeito da Congregação para a Doutrina da Fé balança uma perigosa espada de Dâmocles[5].

O prefeito desempenha uma função extremamente importante: ele é o encarregado mundial pelo esclarecimento de casos de abuso sexual envolvendo padres e religiosos. O próprio Müller teve experiências desagradáveis com esse assunto. Quando era bispo de Regensburg, em 2004, ele nomeou como administrador de paróquia um capelão que fora condenado por ter abusado sexualmente de um coroinha, e não informou à comunidade local sobre os antecedentes do clérigo. Ali, o homem cometeu outros abusos, foi condenado à prisão preventiva e, por fim, a três anos de cadeia. Mais tarde, o bispo Müller se desculpou pelo modo como agiu, dizendo que o tribunal havia garantido a ele que o homem em questão poderia conviver com crianças e adolescentes. O caso foi imensamente desagradável para a carreira de Müller, que devia ao menos ter se censurado por não ter sido cuidadoso o suficiente.

Algo assim podia acontecer a um bispo local, mas quanto esse caso dificultaria o trabalho do prefeito da Congregação para a Doutrina da Fé? O que ele deveria responder se fosse acusado de não ter suspendido as atividades de um criminoso sexual em sua própria diocese? Essa mancha com certeza não facilitará o exercício de sua função. Como prefeito, Gerhard Müller terá que cobrar um comportamento irrepreensível dos bispos de todo o mundo, quando houver acusações de indevida conduta sexual contra padres. Caberá ao novo papa decidir se Müller é o homem certo para essa importante função.

5 Expressão que significa perigo iminente. (N.T.)

Aliás, a renúncia de Bento XVI aconteceu de forma tão surpreendente que Gerhard Ludwig Müller ainda nem foi promovido a cardeal – um título que até hoje a maioria dos prefeitos da Congregação para a Doutrina da Fé carrega. Müller, portanto, não participou do conclave.

Outra posição-chave parecia estar magnificamente ocupada: o cargo de chefe da Congregação para os Bispos, preenchido pelo canadense Marc Ouellet. Até o momento, ele não havia cometido erro algum na difícil tarefa de preencher os três postos de bispos que estavam ficando livres no mundo. Além disso, ele tinha a vantagem de não ter se envolvido com o último grande escândalo de sua congregação – muito pelo contrário, foi seu salvador. Em 2006, o predecessor de Ouellet, o cardeal da Cúria Giovanni Battista Re, cometera um grave erro: ele aconselhou Bento XVI a oferecer o visado cargo de arcebispo de Varsóvia ao polonês Stanislaw Wojciech Wielgus. Naquela época, já se sabia, na Polônia, que Wielgus estava sob suspeita de ter trabalhado em conjunto com o serviço de segurança do Estado do regime comunista. Apesar disso, Wielgus foi consagrado bispo – e entregou seu cargo dois dias mais tarde, em 7 de janeiro de 2007, após o escândalo ter se tornado público. Após um período de defesa, Bento XVI demitiu o cardeal Re.

Desde então, Ouellet desviou todas as pedras de seu caminho. Para Francisco, Ouellet desempenhará um grande papel liderando os partidários que querem impulsionar a globalização da Igreja católica. Numa entrevista ao jornal *Avvenire*, que pertence à Conferência dos Bispos da Itália, Ouellet disse que não foi bom para sua Congregação dos Bispos que os três mais importantes chefes da Cúria – o cardeal secretário de Estado, o prefeito da Congregação para a Doutrina da Fé e o prefeito dos Bispos – fossem sempre italianos. Afirmou ainda que a Igreja católica acolheria bem uma internacionalização.

COMEÇA O CONCLAVE

Terça-feira, 12 de março de 2013. Primeiro dia do conclave. O dia começou com uma multidão agitada no hotel dos cardeais. Os quartos já estavam prontos, agora os cardeais só precisavam se instalar em suas acomodações. Somente nesse dia eles ficaram sabendo se pertenciam aos sortudos que receberam uma das 105 suítes com sala de espera independente, ou se teriam que se conformar com um dos 26 quartos individuais. A declaração do porta-voz do papa, Federico Lombardi, tinha lançado uma charada ao mundo. Segundo ele, as acomodações não haviam sido sorteadas para evitar brigas, mas para evitar que os cardeais procurassem seus vizinhos de quarto.

E por que eles iriam querer procurar seus vizinhos? Será que a Cúria achava que, depois do jantar, os cardeais iriam pé ante pé até o quarto do vizinho para esvaziar uma garrafa de vinho? De qualquer forma, somente um quarto ficou livre naquela manhã. A suíte 201 se diferencia das outras acomodações por ser um pouco mais pomposa (apesar de ser tão opressiva quanto as outras por causa da madeira escura da cama e dos outros móveis, e de uma sala de estar relativamente feia). Nela, há ainda uma espécie de sala de espera onde um secretário pode ficar ao lado do telefone. O próximo papa deveria permanecer naquela suíte por uma semana, até que o apartamento papal fosse reformado segundo seu desejo. Em 2005, Bento XVI foi anunciado como o novo papa somente às 18h, e ele não fez questão de se mudar naquela mesma noite. Ratzinger ficou no seu modesto quartinho no hotel dos cardeais. Foi lá que, mais tarde, escreveu em latim seu discurso de posse. Papa Francisco fez o mesmo.

Depois que os quartos foram ocupados, naquela terça-feira de 12 de março de 2013, os cardeais se apressaram para a *Missa pro eligendo Romano Pontificie*, que acontece no início do conclave para invocar o auxílio de Deus. A princípio, aquela data parecia não ter grandes chances de entrar para a história, mas então algo aconteceu.

O porta-voz do papa, padre Federico Lombardi, afirmou na coletiva de imprensa que, após a primeira votação, dificilmente se veria subir a fumaça branca. Aquela primeira reunião de cardeais nada mais seria do que um prelúdio. Eles tiveram tempo suficiente, no decorrer das reuniões das congregações que antecederam o conclave, para discutir tudo em detalhes. Mesmo assim, houve 161 requisições de palavra; no último dia antes do conclave, as contribuições orais tiveram que ser encurtadas. Não havia tempo suficiente para que todos falassem. A necessidade de discutir e debater parecia não ter fim.

Na segunda-feira anterior ao colégio de cardeais, vazaram informações que não deixavam mais dúvidas a respeito de grande parte dos cardeais estar chocada com os escândalos em que o banco do Vaticano, o IOR, estava envolvido. Não entrava na cabeça da maioria dos purpurados que justamente o banco do vigário de Jesus permitisse o que é proibido no mundo inteiro: transferir fundos sem saber quem é o remetente e quem é o destinatário. Só algumas poucas ilhas no Caribe, sob sérias suspeitas de tolerar lavagem de dinheiro, agem de maneira tão suspeita quanto o Vaticano. Durante a última Congregação dos Cardeais, em 11 de março, a décima e última antes do conclave, o cardeal secretário de Estado Tarcisio Bertone teve que admitir que o Ministério Público italiano tinha levantado sérias acusações contra a direção do banco do Vaticano. O que trouxe consequências espetaculares.

O banco alemão *Deutsche Bank* havia colocado contas à disposição do Vaticano para transferências que não fossem com dinheiro em espécie, nas quais o Ministério Público conseguiu constatar "movimentações irregulares". Isso obrigou o *Deutsche Bank*, em janeiro de 2013, a suspender completamente aquele tipo de transferência. A partir de então, cartões de débito ou crédito simplesmente não funcionavam mais no Vaticano. Isso provocou, entre outras coisas, longas filas nos caixas, já que os turistas só podiam pagar pelos tíquetes de entrada com dinheiro em espécie. Que justamente no Estado papal imperasse uma desordem dessas irritou demais os cardeais. A Cúria, portanto, não desfrutava de nenhuma grande estima entre os cardeais estrangeiros.

Terça-feira, 12 de março de 2013. Os debates estavam encerrados. Agora seria finalmente a votação. A *Missa pro eligendo Romano Pontifice* começou às 10h. Ninguém esperava um sermão digno de nota ou uma surpresa na votação da tarde, mas então o decano dos cardeais, Angelo Sodano, tratou de chamar atenção durante a missa.

Sodano tinha naquela manhã uma última chance de fazer política, e ele a aproveitou. O decano dos cardeais pode perfeitamente chamar um cardeal à razão, se considerar necessário. Mas a um papa ele não pode jamais ditar regras. Ele deve máxima obediência ao sumo pontífice. Só que essa santa missa na sede do Vaticano era a última oportunidade para Sodano dar um conselho ao *futuro* papa – como um mero cardeal, o futuro pontífice devia ouvir o decano.

A surpresa estava bem encaminhada. A princípio, a multidão teve a impressão de que a estrela que os 115 cardeais eleitores e os fiéis aclamavam não era um daqueles cardeais na basílica de São Pedro. Tudo parecia uma ovação carinhosa ao papa renunciante. Logo no início de seu sermão, Angelo Sodano lembrou o papa Bento XVI e agradeceu pelo "radiante pontificado", "pela vida e obras do 265º sucessor de Pedro, o amado e venerável papa Bento XVI".

Tanto na basílica quanto do lado de fora, na praça, a multidão aplaudiu por longos minutos. Até que o clima ficou literalmente gelado: todos os que acreditavam em presságios celestiais se perguntavam por que o amado Deus fazia cair exatamente naquele momento, durante a missa festiva, uma chuva de granizo que fazia os vários milhares de fiéis presentes tiritarem de frio. Então, Sodano começou um ataque verbal na frente da multidão perplexa. Um ataque que nada mais era do que uma bofetada dolorosa no presumidamente venerável papa Bento XVI.

Primeiro, o cardeal lembrou a mensagem central do cristianismo: "Este é meu mandamento: amai ao próximo como eu vos amei" (João 15,12). Parecia inofensivo, até que Sodano disparou: "Com isso, o texto reporta-se à primeira leitura do profeta Isaías sobre as ações do Messias para nos lembrar de que a atitude fundamental dos pastores da Igreja é o amor. O mesmo amor que nos permite dar a própria vida pelos irmãos e irmãs. Jesus nos fala de fato: 'Não há amor maior do que alguém que dê sua vida para seus amigos' (João 15,13). A atitude fundamental daquele bom pastor é, portanto, dar a vida por suas ovelhas [ver João 10,15]. Isso vale principalmente para o sucessor de Pedro, o pastor da Igreja universal. Pois quanto maior e universal for seu cargo, maior tem que ser o amor do pastor [...]. Amados irmãos, oremos para que o Senhor nos envie um papa que cumpra destemidamente essa grande missão".

Não é necessário ter estudado Teologia para entender o que Sodano queria dizer: o papa deve dar sua vida, e não se aposentar. Como há um milênio os papas já não vão mais para a guerra empunhando espadas, não é difícil adivinhar quais alternativas restam a um sumo pontífice para dar a vida por suas ovelhas. Ele deve oferecer sua vida até a morte. Com isso, Sodano dizia nada mais nada menos que um caso como o de Ratzinger nunca mais poderia acontecer. Em sua opinião, a renúncia tinha sido um erro tão grande que o futuro papa de modo algum poderia seguir os passos de Bento XVI.

Sodano ainda continuou, fazendo menção ao depoimento já citado do cardeal George Pell, de Sydney, que logo após a renúncia de

Bento XVI afirmou que este causara um dano ao cargo de papa. A maioria dos cardeais parecia pensar assim.

À tarde, os cardeais entraram pontualmente às 16h30 na Capela Sistina. Ali, quatro longas mesas esperavam por eles, e sobre elas as cédulas de votação que traziam estampada, por regulamentação estabelecida pelo papa João Paulo II, a seguinte inscrição: "*Eligo in Summum Pontificem*" ("Eu voto para papa"). Durante a votação, os papas se sentaram tão próximos uns dos outros que alguns até conseguiram ler qual nome seu vizinho havia escrito na cédula. Lá estava também a mesa à qual se sentariam os três cardeais encarregados de vistoriar a votação. Cada vez que um cardeal depositasse seu voto na urna, eles deviam levantar o prato que a cobria. É nesse momento que o cardeal votante jura em voz alta: "*Testor Christum Dominum, qui me iudicaturus est, me eum eligere, quem secundum Deum iudico eligi debere*" ("Eu invoco Cristo Senhor, que será meu juiz, para testemunhar que meu voto é dado àquele que, segundo Deus, julgo que deve ser eleito").

O conteúdo textual desse juramento ilustra o espírito único que prevalece num conclave. Uma votação normal consiste na decisão única de cada votante. Num conclave, porém, não é assim. A opinião de cada cardeal não desempenha papel algum; é preciso votar naquele predestinado por Deus. Por isso, a rigor, os cardeais não entregam sua cédula de votação, mas agem em nome de Deus.

Os cardeais sabem que têm à frente provavelmente não mais do que cinco dias de votações, pois nenhum conclave do século passado durou mais que isso. A eleição de Pio XI, em 1922, exigiu cinco dias e catorze votações. Para eleger João XXIII, em 1958, foram necessárias onze votações em quatro dias. Três dias e dez votações precisaram os cardeais em 1914, para a eleição de Bento XV, e também três dias e apenas oito votações, para eleger João Paulo II, em 1978. Mais rápido ainda foi o caso de João Paulo I, em 1978: ele conseguiu ser papa depois de dois dias e quatro votações – seu predecessor, Paulo

VI, havia colocado a estola em seu pescoço numa visita a Veneza, o que foi entendido como um sinal claro de que aquele era o homem que o papa desejava como sucessor. A eleição de Bento XVI, em 2005, também transcorreu rapidamente: após dois dias e quatro votações, o homem da Baviera era o escolhido. Pio XII detém o recorde do século XX, por ter sido eleito depois de apenas dois dias e três votações. Agora era a vez do conclave de 115 cardeais, que escolheria o 265º sucessor de Pedro.

Era um grupo bastante plural aquele que adentrou a Capela Sistina para a primeira votação, e que foi conduzido por Giovanni Battista Re, o membro mais antigo da mais alta das três ordens dos cardeais, a de bispos cardeais. O cardeal Re adquiriu o papel de decano dos cardeais porque tanto o cardeal Angelo Sodano quanto seu vice, o cardeal Roger Etchegaray, já tinham oitenta anos, e não podiam entrar no conclave. Caberia assim a Giovanni Battista Re fazer a mais famosa de todas as perguntas ao final do conclave: "*Acceptasne electionem de te canonice factam in Summum Pontificem?*" ("Você aceita a eleição canônica para papa?").

Re tinha conhecimento do poder dos 28 cardeais italianos, dos onze norte-americanos e dos seis alemães. Somente esses três grupos já colocavam 45 cardeais na eleição papal. Se esse bloco votasse unido, poderia barrar um papa de qualquer outra parte do mundo. Para a eleição, é necessária uma maioria de dois terços, ou seja, no mínimo 77 votos. E os cardeais de outros países somavam apenas setenta votos. Além dessa maioria, compunham o conclave cinco cardeais da Espanha, quatro da Polônia, quatro da França, dois de Portugal, e um de cada um dos seguintes países: Áustria, Bélgica, Suíça, Países Baixos, Irlanda, República Tcheca, Bósnia-Herzegovina, Ucrânia, Lituânia, Croácia e Eslovênia. No total, os europeus tinham exatamente sessenta cardeais. Se o escocês não tivesse ficado em casa por estar muito envergonhado, seriam 61. Do Brasil, vinham cinco cardeais; do México, três; da Argentina, dois; e Colômbia, Venezuela, Chile,

República Dominicana, Cuba, Honduras, Peru, Bolívia e Equador traziam um cardeal cada. Juntavam-se a esses mais três cardeais do Canadá. As Américas, onde vive a maioria dos católicos do mundo (seiscentos milhões dentre 1,1 bilhão), representavam um total de 33 cardeais.

Da África vinham onze cardeais, mais exatamente um do Congo, da Guiné, do Egito, do Quênia, do Senegal, do Sudão, de Gana, da África do Sul, da Tanzânia, e dois da Nigéria. A Ásia também trazia onze cardeais, dentre os quais os indianos formavam o maior grupo, com cinco cardeais; Filipinas, Vietnã, Indonésia, Líbano, China e Sri Lanka tinham um cardeal cada. Justamente no continente pátrio de Jesus, a Ásia, a Igreja católica ainda desempenha um papel marginal – nem 6% da população da Ásia é católica. Somente um cardeal representava Austrália e Oceania, o cardeal George Pell.

No total, eram 115 cardeais. Quando entraram na Capela Sistina, eles sabiam que teriam que imputar a um deles o destino de pôr em prática o que há dois mil anos um rabi completamente sem recursos, em Judá e na Galileia, os encarregou de fazer. Ele era apenas um homem descalço, que não possuía uma Capela Sistina. Um homem que disse ao mundo que não existe mandamento maior do que amar ao próximo como a si mesmo.

Em comparação ao cansaço dos conclaves passados, o de 2013 transcorreu em relativa tranquilidade. A manhã foi bastante burguesa para cristãos humildes: café da manhã foi às 6h30, e às 7h45 os cardeais já tinham que estar no ônibus. Às 8h15 começou a primeira missa da manhã na belíssima Cappella Paolina, pintada por Michelangelo; às 9h15 os cardeais entraram na Capela Sistina. Saíram de lá às 12h30, e o almoço os esperava às 13h. A seguir, até as 16h, não havia mais nada na agenda, já que os idosos senhores não quiseram abrir mão de sua sesta. Os cardeais tiveram tempo e oportunidade para descansar confortavelmente em seus quartos. À tarde, eles voltaram de ônibus para a Capela Sistina, mas só às 16h45. O pedido feito por alguns cardeais, de ir a pé a fim de apanharem um pouco de ar fresco, foi atendido. Após as duas votações da tarde, às 19h15, eles pediram o lanche, antes que o jantar encerrasse o dia às 20h. Durante os dois dias de conclave, os cardeais teriam um único jantar sem um papa. Na segunda noite, eles todos vivenciariam uma revolução.

O JESUÍTA ARGENTINO

Terraço do Hotel Hilton em Roma. Um dia qualquer em meados dos anos 1990. Eu vi o grupo de argentinos em suas roupas pretas de padre chegar ao restaurante infinitamente elegante e caro do mais requintado hotel romano, no ponto mais alto da cidade. O cozinheiro alemão três estrelas, Heinz Beck, ainda não era o chefe do restaurante, mas já naquela época comia-se muito bem ali. Padre Evelio, um argentino que eu havia conhecido num jogo de futebol no Circus Maximus, apontou discretamente para o grupo e cochichou no meu ouvido:

– É aquele ali, está vendo? O homem alto. Cardeal Antonio Quarracino, arcebispo de Buenos Aires. Ele sempre vem ao Hotel Hilton quando está em Roma. Na Argentina, ele fez um sucessor de quem muitos estão falando. Ele se chama Bergoglio.

– Como? – eu perguntei.

– Ber-go-glio. Jorge Mario Bergoglio.

Eu não tinha ido ao restaurante para comer. Era algo que eu não poderia mesmo bancar, minha verba só dava para algumas cervejas no terraço do hotel. Mas eu havia recebido uma dica de que o cardeal Antonio Quarracino estaria lá e eu queria conhecê-lo. Meu simplório plano era puxar conversa com o cardeal depois do jantar, quando ele estivesse alegre por causa do álcool e de bom humor, e conseguir uma entrevista. O cardeal de Buenos Aires me interessava por um motivo bem simples: o papa João Paulo II o estimava muito por causa de seu magnífico engajamento no processo de reconciliação com os judeus.

Eu pertenço à geração que viu, na escola, fotos de empilhadeiras empurrando para as valas montanhas de cadáveres nos campos de concentração. Eu ia para casa depois disso e perguntava aos meus pais, perplexo: "Como vocês foram capazes de fazer isso?". Vou me envergonhar pela vida inteira porque minha avó, que não vivia muito longe de Auschwitz, trocava os valiosos cobertores dos prisioneiros judeus por um pouco de água ou um pedaço de pão. Esses cobertores eram amontoados em caminhões, que paravam na porta da casa dela quando os soldados da SS queriam se refrescar. É por isso que sempre me interessei por todos os aspectos do diálogo católico-judaico, e me impressionava profundamente o fato de aquele cardeal argentino ter recebido de Israel algum destaque por seu engajamento. Isso num tempo em que ainda não existiam relações diplomáticas entre Israel e o Vaticano.

Levei comigo o padre Evelio para que ele pudesse ser o intérprete, alimentando a esperança de que o cardeal Antonio Quarracino conversasse comigo. Evelio me introduziu no assunto:

– Os dois bispos, o cardeal Quarracino e Jorge Bergoglio, são amigos muito chegados. Bergoglio fez uma carreira inacreditável. Quando parecia estar totalmente acabado, se tornou bispo auxiliar de Buenos Aires, superando todos os concorrentes só por causa da estima que o cardeal Quarracino tem por ele. Você entende, Bergoglio é jesuíta!

– Sim, e daí? – disse eu, ao que o jovem e magro padre de cabelos densos e pretos revirou os olhos.

– Meu Deus, você não tem mesmo nenhuma noção da Igreja! Jesuítas não fazem questão de se tornar bispos. Há apenas poucos, pouquíssimos jesuítas, que são bispos. Jesuítas estão preocupados com outra coisa. Eles servem em missões especiais e são os únicos padres que prestam um voto de obediência especial ao papa. Eles não prometem, como todos os outros padres, apenas obediência, pobreza e castidade. Um jesuíta não pode fazer carreira na Igreja. O máximo que pode alcançar é o posto de chefe dos jesuítas ou prior provincial em sua terra natal. Isso Bergoglio já foi, mas então a ordem o removeu para uma casa qualquer para fazer retiro espiritual.

– E por que isso aconteceu?

– Ele modernizou a ordem, e muitos não gostaram disso.

– E então?

– Então parecia o fim de Bergoglio, de verdade. Mas, por algum motivo misterioso, o cardeal Quarracino viu algo nele. Você está entendendo? Ele rejeitou outros candidatos que não eram jesuítas e que deveriam ter se tornado bispos auxiliares, e escolheu Bergoglio. Talvez porque Bergoglio tenha se posicionado radicalmente a favor dos pobres.

Eu tive que segurar o riso.

– Você está me gozando? Está dizendo que esse cardeal gosta de Bergoglio porque ele se colocou ao lado dos pobres? Você ficou louco? Sabe quanto custa o jantar que o senhor cardeal está se permitindo, neste exato momento?

– Eles são tipos bem diferentes – desviou o padre Evelio. – Quarracino é alguém que gosta de comer bem, gosta de beber... e, bem, na Argentina, ele é mesmo conhecido por estar sempre fazendo piadas sobre gays, piadas maldosas.

– Como é? – eu perguntei. A imagem radiante que eu tinha do cardeal Quarracino pouco a pouco começava a ruir.

Padre Evelio não fugiu do assunto:

– Bem, é que ele é argentino, nós dançamos tango, uma mulher é uma mulher e um homem é um homem, é exatamente assim que muitos entendem. Mas seu posicionamento pela reconciliação com os judeus é realmente extraordinário. Você não pode julgá-lo por causa de umas piadas.

Eu conhecia alguns homossexuais em Roma e gostava deles, e não me agradava nem um pouco quando eles eram discriminados. Mas não era por isso que eu estava lá no restaurante. Eu queria falar com Quarracino sobre o Vaticano e o judaísmo.

– Bergoglio é diferente – continuou o padre Evelio. – Ele sempre diz que respeita as pessoas, homossexuais também, naturalmente. Não faço ideia de como, apesar disso, ele conseguiu um lugar no coração do cardeal Quarracino. Talvez tenha a ver com o fato de ele ser jesuíta.

– Mas o que é que isso tem a ver?

Padre Evelio arfou novamente:

– Os jesuítas fizeram a América Latina. Eles eram tão bem-sucedidos e poderosos que o papa Clemente XIV aboliu a ordem.

Naquele momento, ali no terraço, enquanto o cardeal Antonio Quarracino de Buenos Aires saboreava sua comida, eu tive noção, pela primeira vez, do que devia significar ser jesuíta para um homem como Jorge Mario Bergoglio. O soldado basco Inácio de Loyola (1491-1556) fundou a ordem batizada de Companhia de Jesus em 1539, e no ano seguinte ela foi reconhecida pelo papa Paulo III. Inácio foi obrigado a abandonar a carreira como soldado após um ferimento de guerra e resolveu se tornar um homem de Deus. Ele construiu sua ordem de modo que os membros se vissem como soldados do Senhor. Por isso eles foram rapidamente incumbidos do trabalho mais perigoso que havia: combater os odiados protestantes, que graças a um certo alemão chamado Martinho Lutero, estavam causando imenso aborrecimento para o papa. A questão tratava-se basicamente de dinheiro, da fortuna que a construção da basílica de São Pedro havia custado.

– Na América Latina, os jesuítas organizaram algo como Estados próprios – me disse o padre Evelio. – Eles construíram fazendas, perfuraram poços de água, ensinaram os índios a lidar com a agricultura. Ergueram manufaturas gigantes, produziram açúcar, batatas, cacau, e tudo isso bem antes de existirem Estados na América Latina. Você nunca vai compreender um jesuíta como Bergoglio se não entender uma coisa: os jesuítas da América Latina sempre foram homens de ação, nunca eruditos de quartos fechados ou escritórios. Eles se puseram em marcha e enfrentaram o desafio. Na América Latina, nunca foram a ordem que se contentava em falar sobre Cristo para as pessoas. Os jesuítas sempre tentaram ajudá-las a construir uma vida que valesse a pena. Há séculos é assim, e isso é o que move tipos como Bergoglio.

Naquela noite, eu aprendi qual foi o Estado mais original da história: a nação jesuíta que existiu entre 1610 e 1767 no atual Paraguai.

– Foram os jesuítas que reconheceram que os índios são seres humanos – continuou Evelio. – Isso soa ridículo hoje em dia, mas os imigrantes tinham dúvidas naquela época. Os jesuítas fizeram acampamentos fortificados chamados de missões. Nelas, os índios podiam procurar refúgio contra os comerciantes de escravos espanhóis e portugueses. Um homem como Bergoglio sempre teve orgulho pelos jesuítas na América Latina terem sido uma pedra no sapato dos poderosos reis da Espanha e de Portugal. Eles tentavam proteger os mais fracos, os índios, até mesmo com dinheiro e com armas. Eram tão bons que os espanhóis e os portugueses fizeram pressão contra o papa até que este dissolvesse a ordem. E os índios da América Latina podiam novamente ser caçados como animais e escravizados sem que houvesse punição para isso. Só em 1814 a ordem foi restabelecida. Eles são homens de ação, não se esqueça!

O jantar do cardeal chegava ao fim. Ele estava em pé no terraço, nitidamente satisfeito, tomando ar fresco. Fui com o padre Evelio até ele, que aceitou falar comigo. O que mais me impressionou foi que ele conseguiu explicar como a visão dos cardeais na América Latina era diferente da dos outros a respeito dos judeus. Eu mostrei a ele minha admiração por seus méritos, mas ele fez um sinal de negativa, e me fez entender que na América Latina muitos problemas são completamente diversos. Se quem reza é um judeu devoto, um protestante convicto ou um católico profundamente religioso, isso é simplesmente indiferente. As profundas trincheiras entre as religiões, que tinham provocado tantas guerras de religião e a morte de milhões de judeus na Segunda Guerra Mundial nunca existiram na América Latina. Se na Europa havia todo tipo de motivo para brigas entre protestantes, católicos e judeus, na América Latina, a convivência entre as religiões era muito mais harmoniosa. Eu nunca teria sonhado, naquele instante, ali no terraço com o cardeal Antonio Quarracino, que essa convivência de religiões pudesse entrar no Vaticano, no coração do catolicismo, na figura do papa Francisco. Um rabino argentino me disse algo sobre Bergoglio pouco antes de sua eleição: "Eu vou bastante ao bispo Bergoglio para pedir conselho. Ele é para mim meu rabino, um homem cujo conselho eu sigo com prazer".

Só no final da conversa é que o cardeal Antonio Quarracino ficou desconfiado comigo. Eu perguntei a ele sobre Bergoglio, e ele me olhou com um grande mal-estar. Eu pude sentir em seu olhar que ele havia notado que eu compreendera por que ele estava em Roma e o que ele pretendia. Ele queria recomendar Bergoglio como seu sucessor e, na verdade, isso era um tabu na Igreja católica. Eu conhecia dezenas de casos desses, nos quais os bispos tentaram com todas as forças fazer sucessores os seus amados e fiéis criados. Em Roma, essa prática quase sempre encontrou forte resistência. Havia apenas duas pequenas chances disso dar certo: o bispo que queria colocar um sucessor ou devia ter um excelente canal de comunicação com o papa ou o candidato tinha que ser considerado realmente alguém muito especial.

Caso um preferido seja mesmo instituído como sucessor, o Vaticano sempre disfarça essa ação fazendo com que o candidato não seja consagrado bispo na cidade para a qual ele estava destinado, mas começando a carreira em outra. Passado certo período de conveniência, o bispo é transferido para o local desejado. Na verdade, sempre se lidou com isso dessa maneira. Só quando João Paulo II tinha certeza absoluta de que o candidato era sem a menor sombra de dúvida perfeito e que, além disso, tinha a fama de ser um santo, ele cedia e colocava o sucessor diretamente e sem rodeios na cidade do bispo que o indicou. E esse foi exatamente o caso de Jorge Mario Bergoglio. Em 3 de junho de 1997, ele foi nomeado arcebispo coadjutor, o que significava que ele automaticamente sucederia o cardeal Quarracino.

Bergoglio tinha deveras uma fama excelente, e o cardeal Quarracino, que os judeus guardavam no coração, mantinha de fato um bom relacionamento com Karol Wojtyla. Wojtyla sempre contava que, durante sua infância, observou como seus amigos judeus iam para a sinagoga no sábado, e como partiu seu coração que muitos deles tivessem desaparecido de modo tão terrível através do gigantesco portão do inferno que os alemães abriram na Terra.

BERGOGLIO E A TEOLOGIA DA LIBERTAÇÃO

– Bergoglio... – sussurrou padre Marcello, que vestia jeans sujos e um pulôver puído. Ele reclinou a cadeira contra a parede, num mosteiro ilegal em Havana. – Ele se chama Jorge Mario Bergoglio.

– Como é mesmo o nome? – sussurrei de volta.

Com impaciência, o padre respondeu:

– Ber-go-glio. Jorge Mario Bergoglio. Ele é argentino. Você precisa falar com ele.

– Eu já ouvi esse nome em algum lugar – eu disse. – Não foi ele que o cardeal Antonio Quarracino fez seu sucessor?

– Esse mesmo – respondeu o padre.

Fazia frio naquele janeiro de 1998. Mais frio do que eu imaginava que pudesse fazer em Cuba. Um homem me contatou em Roma e eu contrabandeei um pacote enorme com analgésicos e antibióticos no papamóvel. João Paulo II tinha ido para a ilha para forçar Fidel Castro a permitir que o Natal voltasse a ser comemorado. Aparentemente, a festa atrapalhava a colheita da cana de açúcar. Se as pessoas pretendessem ficar em casa para celebrar o dia em que, num estábulo em Belém, uma mulher deu à luz uma criança tão diferente de todas as outras que já haviam existido e que viriam a existir, elas se arriscariam a serem presas. Wojtyla queria a qualquer custo derrubar essa proibição.

Eu tinha escondido os remédios entre camisas e calças numa mala separada. Na revista obrigatória da bagagem do papamóvel, as caixas não chamaram a atenção dos funcionários da alfândega.

Depois de chegar ao meu hotel em Havana, tive que esperar só uma hora até ser informado para onde eu deveria ir. Eu tinha que ter cuidado e esperar até que escurecesse. A polícia provavelmente sabia que a casa na verdade era um mosteiro. Se eles me pegassem tentando levar remédios para lá, eu poderia ter problemas. Eu devia ir de táxi para a periferia de Havana e fazer o resto do caminho a pé, como me explicou Dom Pasquale. Não havia iluminação na periferia. Logo ficaria escuro como piche, eu cairia numa casa em que um homem de olhar desconfiado me deixaria entrar. Fui levado até um pronto-socorro, e o que eu vi lá foi impressionante. Homens que tinham problemas com o regime cubano e por isso não eram tratados nos hospitais públicos recebiam ajuda médica naquela casa. Já que faltava de tudo, os médicos tinham que abrir barrigas mesmo sem anestesia.

Os padres agradeceram, e eu ganhei fatias salgadas de bananas assadas num óleo rançoso, que tinham um gosto horrível. Para os padres, aquilo parecia comida de festa, e eu elogiei. Nós nos sentamos numa espécie de pátio interno, em cadeiras de camping gastas, e conversamos. Eu queria saber tudo sobre as ideias deles a respeito da Igreja e da Teologia da Libertação.

Quem via aqueles homens sentados ali, com suas calças rotas e camisetas ruças, nunca pensaria estar num mosteiro. Eu ainda me lembro que nós falamos sobre Joseph Ratzinger, o chefe da Congregação para a Doutrina da Fé, e de sua postura de objeção à Teologia da Libertação. "Comunismo não pode mesmo ser a solução", eu dizia naquela época. O lema de uma fração da Teologia da Libertação era: "*Ubi Lenin, ibi Jerusalem*" ("Onde estiver Lenin, lá estará Jerusalém"). Era uma exortação para que a Igreja e o comunismo marchassem lado a lado. "Isso não dá certo", eu disse. Padre Marcello balançou a cabeça. Ele usava uma camiseta rasgada com propaganda da Ford e uma calça de moletom gasta. Eu nunca tinha visto um religioso daqueles. Ele tinha um rosto inteligente, cabelos fartos e pretos, uma barba imponente, parecendo um cubano espertalhão de filme americano barato.

– Nós também não queremos o comunismo, mas vocês de Roma, vocês da Europa, entendem é nada de América Latina e também não entendem a Teologia da Libertação. Vocês não entendem absolutamente nada.

– E o que exatamente nós não entendemos? – perguntei eu, levemente irritado.

– Preste atenção. As Nações Unidas falam há anos que não existe outra região no mundo em que a distribuição de renda seja tão injusta quanto na América Latina. Isso não existe em nenhum outro lugar do mundo. Repare em alguns números bem simples: metade da renda total na América Latina pertence a apenas 10% dos habitantes. Esses 10% são tão ricos que não sabem o que fazer com o dinheiro. 80% da classe média dispõe de 48% desse total, e 10% dos latino-americanos detêm menos de 2% da cifra total. Você está entendendo o que isso significa? Que uma família de quatro pessoas ameaçada pela fome talvez consiga – todos juntos, pai, mãe e dois filhos – quatro dólares por dia mendigando. A mãe tem que gastar um dólar por pessoa com café da manhã, almoço, jantar, livros escolares, roupa, conserto do barraco. Mesmo que a família só coma pão velho e verduras cruas e se vista de trapos, o dinheiro não dá para combater a fome. Uma família rica de quatro pessoas dispõe no mesmo dia não do dobro ou do triplo; ela tem 25 vezes mais do que a família pobre! A mãe rica pode gastar pelo menos cem dólares por dia, levando uma vida bastante confortável. Isso significa em termos claros que, num continente que tem tudo, milhões de seres humanos têm que passar fome.

Eu sabia que ele tinha razão.

– Adivinhe: quantas pessoas na América Latina passam tanta fome a ponto de estarem ameaçadas de morte por inanição ou por doenças em razão da subnutrição?

– Um, dois milhões – respondi.

– São mais de setenta milhões. A ONU as classifica como "extremamente pobres", o que significa que elas dispõem de menos de um dólar por dia. Ao mesmo tempo, as pessoas mais ricas do mundo vivem na América Latina. Você acha isso justo?

– Não – eu disse.

– É uma injustiça gritante. Temos que impedir isso. Você já viu alguma vez uma criança morrendo de fome, uma mulher que oferece seu corpo emagrecido para impedir que seus filhos morram de inanição? Você não viu, estou certo? Certamente não, pois isso não existe em Roma. Se você somar dois mais dois, vai conseguir calcular por que exatamente aqui nesta parte do mundo surgiu a Teologia da Libertação. Trata-se de justiça. O homem de Nazaré não disse que bem-aventurado é aquele que tem sede de justiça?

Eu acenei que sim.

– Não se trata de Lenin. Trata-se de Tomás de Aquino, teólogo da Idade Média que viveu na Itália central. Quando vocês europeus ouvem sobre a luta de libertação na América Latina, pensam em Marx, em Engels. Mas aqui, a luta pela libertação tem a ver com Cristo e principalmente com Tomás de Aquino. Ele teve uma ideia excelente: para ele, se uma sociedade pudesse ser modificada a ponto de diminuir o número de pecados cometidos, então Deus não só permitiria uma guerra como provavelmente a favoreceria.

– Ele disse isso?

– Sim, ele disse. Por isso, não é de se espantar que exista um monte de teólogos na América Latina que diga: "Ótimo, Tomás de Aquino é o maior teólogo de todos os tempos! Sua Filosofia e sua Teologia são uma parte oficial do ensinamento da Igreja católica. Por que nós simplesmente não mudamos?". É fácil ser uma sociedade que comete poucos pecados. Basta armar as massas, atacar os palácios, fazer uma nova divisão de riquezas na América Latina, e depois disso garantir que se cometam menos pecados do que antes.

Os pobres não vão mais morrer de fome e os ricos não vão mais desperdiçar com o que não precisam. Parece óbvio, não é?

– Sim – eu disse. – Parece óbvio.

– Sim, isso parece óbvio também para as igrejas na América Latina. E foi assim que tudo começou, assim surgiu o braço radical da Teologia da Libertação. Eles aceitavam e queriam violência, com base no ensinamento do teólogo católico mais importante de todos os tempos.

– Violência não é solução – eu disse.

– Essa pode ser a sua visão, mas muitos teólogos daqui têm outra concepção. Eu consigo entender que Roma tenha problema com isso. Existem homens que se colocam radicalmente a favor dos pobres, mas que são totalmente contra a violência da Teologia da Libertação, como Jorge Mario Bergoglio. Ele sempre chamou um teólogo da Libertação, Lucio Gera, de seu professor. Esse é o braço desarmado da Teologia da Libertação, mas para ele Roma só lhe deu dor de cabeça. Não se trata de uns poucos extremistas, não se trata de combater a Teologia da Libertação do jeito que Roma faz. É preciso combater a injustiça. Você não está entendendo? O papa tem que denunciar como são injustas as relações na América Latina. Os ricos têm que simplesmente começar a repartir. Uma vez, um homem disse, no Mar da Galileia: "Bem-aventurados os misericordiosos". É por esse caminho que homens como Bergoglio querem andar. Se você perguntar para ele como a gente pode combater essa injustiça gritante, ele diria: "A solução de tudo é a misericórdia".

– E por que o prefeito da Congregação para a Doutrina da Fé, Joseph Ratzinger, não a entende? – perguntei. Os padres comeram suas bananas oleosas e riram de mim.

– Ratzinger nunca entendeu a Teologia da Libertação. É uma coisa que ele simplesmente não consegue entender porque nunca foi a uma favela onde as gangues estejam naquele momento fazendo um tiroteio. Eu apostaria que ele também nunca viu drogas e não conhece os farrapos humanos que as pessoas se tornam quando as drogas acabam com elas. Se vocês quiserem entender o que significa entrar sozinho, desarmado e sem proteção policial num desses bairros carentes e sair vivo de lá, então você precisa ir até esse homem, Jorge Mario Bergoglio.

– Por que eu deveria fazer isso?

– Porque ele vai explicar uma coisa muito importante.

– O quê, exatamente?

– Que não faz sentido catequizar uma mulher ou um homem, dizer em que acreditar e o que devem fazer ou deixar de fazer, o que pensar sobre Deus e como rezar. Que isso tudo não faz sentido, se essa mulher ou esse homem tiver tanta fome que comeria terra.

Só um ano depois, em 1999, eu me depararia de novo com o nome Bergoglio – dessa vez no Vaticano e na Itália.

ENCONTRO NO BRASIL

– Não quero falar com Jorge Bergoglio! – eu disse, quase gritando, para a moça. – Estou procurando Hummes, Dom Cláudio Hummes, não Bergoglio, você não está entendendo?

Era uma moça linda, de tirar o fôlego. Estava sentada atrás do guichê da organização da Conferência dos Bispos Latino-Americanos CELAM (Conselho Episcopal Latino-Americano), que se reuniu em 2007 na basílica de Nossa Senhora Aparecida, em São Paulo, por ocasião da visita do papa Bento XVI ao Brasil – e me ignorou completamente, brincando com seu celular. Vestia-se como quase todas as colaboradoras da Igreja neste mundo se vestem: saia preta e blusa branca.

– Estou procurando Dom Cláudio Hummes, o cardeal Hummes, não Bergoglio.

A moça apontou para um grupo de bispos e disse:

– Lá vem Bergoglio, ele é um dos melhores amigos de Hummes, pergunte a ele onde o cardeal está.

– O cardeal Hummes não tem um escritório onde eu possa procurá-lo?

Ela estava digitando uma mensagem qualquer no celular e me lançou um olhar que significava: "Não me enche!". Então, respondeu:

– Eu não sei se o cardeal Hummes tem um escritório aqui, meu Deus, pergunte ao Bergoglio, ele vai dizer – e se afastou para dedicar toda sua atenção ao celular.

Ele desapareceu e eu fui em direção ao grupo de homens. Com eles estava aquele que devia ser Jorge Mario Bergoglio. Naquela hora, eu só torcia para que ele pudesse me dizer onde eu encontraria o cardeal Hummes. Não que eu não quisesse conhecer Bergoglio, mas eu tinha enfiado na cabeça que falaria com Hummes. Que aquele homem na minha frente, Jorge Mario Bergoglio, um dia viesse a ser papa, não me parecia minimamente possível. Da mesma forma, me parecia pouco provável que seria justamente seu amigo Dom Cláudio Hummes a incentivar Bergoglio a assumir o título de papa Francisco. No encontro com os jornalistas, em 16 de março de 2013, o 266º papa contou como ele chegou ao nome escolhido. "Na eleição, estava sentado perto de mim o emérito arcebispo de São Paulo e antigo prefeito da Congregação para o Clero, Dom Cláudio Hummes, um grande amigo. Quando a coisa foi despontando, foi ele quem me encorajou. E quando os votos alcançaram dois terços, ressoou o aplauso de praxe, indicando o papa eleito. Ele me abraçou, me beijou e me disse: 'Não se esqueça dos pobres'. E aí essa palavra ficou em mim: os pobres, os pobres. Então, ao pensar nos pobres, pensei imediatamente em Francisco de Assis. Pensei nas guerras em marcha durante a apuração. E Francisco é o homem da paz. Foi assim que o nome tomou meu coração: Francisco de Assis."

Naquela época, havia para mim um único motivo para eu querer de todo jeito falar com o cardeal de São Paulo. Ele havia reproduzido em outubro de 2005 um balanço altamente desapontador, que mostrava o maior país católico do mundo, o Brasil, afastando-se da Igreja católica numa velocidade surpreendente: "No Brasil, o número de católicos está caindo em média 1% ao ano. Em 1991, declaravam-se católicos 83% dos habitantes, hoje são apenas 67%. Nós nos perguntamos com bastante temor: 'Por quanto tempo o Brasil ainda será um país católico?'".

E os receios de Hummes tornaram-se realidade. Dois anos mais tarde, em 2007, quando Hummes fez questão de encontrar o papa em Aparecida, o número de fiéis católicos romanos no Brasil havia caído mais 2%, e chegado aos 65%. A medida do desastre realmente chocou o papa Bento XVI. Em números absolutos, isso significava que, no ano de 1991, a Igreja católica somava ainda 170 milhões de católicos no Brasil e, vinte anos mais tarde, eles eram cerca de 120 milhões – 50 milhões a menos! Não levou nem uma geração para que a Igreja católica no Brasil perdesse quase um quarto de seus fiéis.

Mas havia outro motivo para eu querer falar com Dom Cláudio Hummes. Em outubro de 2006, ele fora convocado para ser o chefe da Congregação para o Clero. Imediatamente antes de sua partida do Brasil para Roma, ele havia dito que a proibição do casamento para padres não precisaria necessariamente continuar para sempre. Logo em seguida, subiu no avião. O que me deixou verdadeiramente pasmo não foi *o que* aconteceu depois disso, mas sim a *velocidade* do acontecido. Bento XVI não queria tolerar nenhuma especulação sobre a abolição do celibato. Eu fiquei sabendo disso só por acaso, porque estava esperando uma visita no Domus Sanctae Martha. Estava no hall quando vi um conhecido meu entregar um telegrama importante da Secretaria de Estado, uma instrução vinda diretamente do papa para Dom Cláudio. Fui até meu conhecido e cochichei: "Me diz uma coisa. Como assim, vocês estão convocando Hummes? Ele ainda está voando, não aterrissou". Ele cochichou de volta: "O papa está com muita raiva por ter sido justamente Hummes, o novo chefe dos sacerdotes, a colocar em questão o celibato. Ele não terá tempo nem de largar as malas antes de levar o primeiro sopapo".

E era por isso que eu queria sem falta conversar com o tal Hummes. Eu sabia que ele não me diria nada que pudesse ser publicado – ao menos não naquela época –, mas eu queria saber como ele lidaria com a reprimenda, embora o que ele dissera fosse algo bastante sensato, na minha opinião.

Fui então até Jorge Mario Bergoglio, na esperança de que ele soubesse onde Hummes estava. Bergoglio estava no salão de conferência aos pés do gigantesco santuário de Nossa Senhora Aparecida, e sua maneira de falar era tão cativante que eu resolvi acabar com minha curiosidade a respeito desse homem e finalmente saber quem ele era de verdade, e adiar o projeto Hummes. Eu me coloquei perto dos bispos que cercavam o argentino e acenei para ele, que viu a credencial em volta do meu pescoço e percebeu que eu viera com o papa. Então, ele acenou de volta e continuou falando com os bispos.

A primeira coisa que me chamou atenção foi um detalhe sobre o qual eu sempre ouvi em Roma. Sempre se disse que Bergoglio é um italiano cuja família é da região em torno de Asti, e que essas raízes italianas fizeram dele o que ele é hoje. Mas eu não concordo. O homem em pé na minha frente não era um exilado italiano, mas sim um argentino da cabeça aos pés.

Ele estava discutindo com os bispos um assunto sobre o qual eu nunca tinha ouvido um bispo italiano falar: o significado crescente da zona do Pacífico e o problema que isso gerava para a cristandade. O Mediterrâneo foi o centro do mundo na Antiguidade e, com a descoberta da América, a zona do Atlântico e os Estados Unidos tornaram-se cada vez mais importantes. Mas a bola da vez era o Pacífico. Aquele era o novo centro de negócios do mundo, entre a América e a Ásia, sobretudo China e Índia, e lá viviam mais de três bilhões de pessoas. Mas isso também significaria que, no novo centro do mundo, a cristandade não teria mais nenhum papel. Apenas 3% dos habitantes da zona do Pacífico se declaram cristãos – uma ridícula minoria. Em dois mil anos, a cristandade não conseguiu se estabelecer significativamente na Ásia. Ali, Shiva, Buda, Maomé ou Confúcio foram e são os mais importantes mediadores entre o sobrenatural e os seres humanos. Jesus não é ninguém.

Bergoglio chamou a atenção para a importância que a zona do Pacífico recebeu e que o mundo de hoje seria bem diferente se fosse permitido que sua ordem, os jesuítas, agisse. Na Corte do imperador chinês, os jesuítas tiveram um papel decisivo, exercendo grande influência. Aparentemente, eles teriam tido uma chance de cristianizar a China, se a ordem dos jesuítas – a Companhia de Jesus – não tivesse sido aniquilada pelo papa da vez. Bergoglio enfatizou como a região do Pacífico estava se tornando importante para sua pátria, a Argentina – a maior parte de suas exportações de soja geneticamente modificada, milho e grãos são exportados para a Ásia há muito tempo. No Vaticano, ao contrário, só questões italianas e europeias eram discutidas. Os cardeais italianos de Roma nunca discutiam que o mundo havia ficado muito maior e havia mudado, que outras religiões do mundo, por exemplo o hinduísmo, não enfrentavam uma crise dramática como o cristianismo enfrentava.

Bergoglio passou bastante tempo na conversa da qual eu também participei. Foi uma grande vantagem que naquela época ninguém da Europa e dos Estados Unidos tivesse se interessado por essa conferência. Além do séquito papal, só alguns poucos veículos da imprensa estavam representados lá. Bergoglio sublinhou o quanto fora importante o papa Bento XVI ter dado carta branca aos bispos da CELAM. Não havia regras, e os bispos podiam discutir e decidir o que quisessem.

Nesse evento, colocou-se em questão o principal problema da Igreja: seu encolhimento. Em todos os países da América Latina, principalmente no Caribe, nos da América Central e no Brasil, está acontecendo uma "tomada hostil" de partes inteiras de sustentação da Igreja católica pelas Igrejas independentes originárias dos EUA. A razão para o sucesso dessas Igrejas é o espetáculo que elas oferecem: nos cultos, tanto nos pequenos salões como nos grandes estádios, os pregadores mais parecem artistas. As pessoas cantam, dançam, tocam música, e os fiéis desfrutam daquilo como se estivessem num transe. Tudo isso é uma evolução das regras relativamente engessadas da celebração da missa da Igreja católica. Nessas Igrejas, tudo é permitido: de orações pela cura ao exorcismo. Muitas delas agem de modo bastante agressivo, principalmente em países pobres, e chegam a pagar pessoas especialmente necessitadas para que elas se tornem membros de suas comunidades

Da perspectiva da Igreja católica, essas igrejas nada mais são do que seitas, e segundo a doutrina romana elas não podem se referir a Cristo – privilégio que a Igreja católica reserva para si mesma. Muitas Igrejas independentes, como os movimentos pentecostais, oferecem na América Latina um serviço bastante prático, em forma de programas para criação de postos de trabalho. Os membros da comunidade em situação econômica privilegiada são abordados com o objetivo de conseguir emprego para os mais pobres e os desempregados. Em extensas partes da América Latina, isso dá certo. De modo geral, os sacerdotes desses cultos estão muito mais ocupados com a prestação de serviços do que os sacerdotes da Igreja católica. Eles veem os fiéis sobretudo como clientes cujas necessidades práticas têm que ser levadas a sério. Essa pragmática "orientação voltada para o cliente" é o motor do sucesso das Igrejas independentes em muitas partes do mundo. E nos próximos anos a América Latina vai se tornar o palco mais importante dessa batalha. A questão será assegurar a sobrevivência da Igreja católica por lá. Bergoglio ainda disse que o problema do Brasil ameaçava contaminar todos os países do continente.

FILHO DA ARGENTINA PERONISTA

Chamou minha atenção em Bergoglio a jovialidade de seu comportamento, embora ele já tivesse 71 anos em 2007. Mesmo com essa idade, o menino do bairro de Flores, em Buenos Aires, ainda parecia viver nele. Ele teve uma infância feliz. Na Europa, não seria um bom sinal ter nascido em 17 de dezembro de 1936. Se tivesse nascido na Polônia de Karol Wojtyla, aos três anos de idade ele já teria experimentado os horrores da Segunda Guerra Mundial.

Mas Bergoglio cresceu em Flores, um bairro da capital argentina que devia seu nome à farta presenta de flores por lá. De 1939 e 1945, o bairro era um paraíso, enquanto a Europa ardia em chamas. Ali não caíam bombas, e as crianças podiam jogar futebol em paz. Até hoje Bergoglio torce para um clube de futebol chamado San Lorenzo. Em Buenos Aires, não se vai aos jogos do San Lorenzo, mas sim aos do River Plate ou aos do Boca Junior, onde Diego Maradona também jogou, em outros tempos. A juventude de Bergoglio foi tranquila. Seu pai, Mario Bergoglio, fugiu do fascismo da Itália em 1928, para levar uma vida modesta em Buenos Aires como contador na linha férrea, com sua mulher Regina Maria, cujo nome de batismo era Sivorio. Além de Jorge, Mario teve mais quatro filhos. Na conversa em Aparecida, Bergoglio não deixou dúvidas de que ele é de coração e alma um *porteño*, como são chamados os habitantes de Buenos Aires na Argentina.

Outra coisa me impressionou em Bergoglio além da jovialidade. Ele era homem, um homem autêntico. Mesmo quando punha suas roupas de padre, ele se movimentava como um homem, ele falava como um homem, ele xingava como um homem. Há no Vaticano uma infinidade de cardeais e bispos que parecem pôr seu sexo de lado ao tomar a decisão de se tornarem sacerdotes. Vários parecem ter tendências homossexuais, outros tornam-se meio assexuados, um tipo de criatura que não tem mais a ver com um homem. Ratzinger tinha esse problema, de certa forma. Depois do guerreiro Wojtyla, que também fora um homenzarrão, os chefes de cerimônia pareciam ter criado um anjinho leve, imaterial. O mestre de cerimônias de Ratzinger, Guido Marini, sem dúvida o aconselhou mal. Esses mantos de bicos que o papa usava sempre o faziam parecer quase ridículo, sem que ele percebesse. Que eu me lembre, a pior imagem nesse sentido foi a consagração de um altar em Washington. Numa espécie de saia com pontas, Ratzinger passou óleo bento no altar e ficou parecendo uma vovó simpática que limpa a mesa. Foi terrível, e mesmo para os mais fervorosos partidários de Ratzinger, aquilo foi demais.

Já Bergoglio não tinha nada de assexuado e absolutamente nada de feminino, mesmo quando usava a assim chamada casula, a vestimenta dos padres católicos. Após sua eleição para papa, a confirmação dessa impressão de outrora ficou novamente nítida, para mim. Ele abriu mão de todo paramento que Ratzinger usava. A murça vermelha guarnecida com pelo de arminho, a *mozetta*, que Ratzinger sempre usava sobre a batina branca de papa, Bergoglio declinou logo de início. E mesmo a estola, Bergoglio decidiu só usar se julgasse realmente necessário por motivos litúrgicos, ou seja, no momento de dar a bênção.

Que esse homem, Jorge Mario Bergoglio, tenha tido uma namorada na época em que ainda trabalhava como químico, eu acreditei de imediato. Também que ele dançou tango em sua juventude e que ainda hoje goste de ouvir esse tipo de música.

Reparei mais uma coisa nele, que recebi como algo extraordinariamente tranquilizador e positivo: Bergoglio não tendia a essa glorificação dos sacerdotes tão difundida no Vaticano. Lá, quase todos os cardeais têm como ponto pacífico que padres são as melhores pessoas do planeta. Prevalece o pensamento de que membros de uma família simples que trabalham honestamente também podem ser bons cristãos, mas padres – aqueles que tomaram uma decisão radical por Cristo e por Deus – são simplesmente os melhores cristãos. Eu penso que essa consciência não se deve à maldade ou à ignorância. Parece simplesmente ser normal que padres construam entre si uma sociedade unida e façam uma diferença entre "nós, padres aqui dentro", e os "outros, além dos muros do Vaticano". Ratzinger também foi a favor dessa glorificação de tudo o que é sacerdotal. Durante toda sua vida, desde a infância, Ratzinger quis ser padre. Ele venerava tudo em torno do sacerdócio, o jubileu festivo de uma ordenação sacerdotal era algo muito importante para ele.

Em Aparecida, Bergoglio causou em mim uma impressão completamente diferente. Ele não irradiava nenhum sinal dessa postura de superioridade. É evidente que o fato de ele ter primeiramente exercido uma profissão bastante comum, a de técnico em química, marcou sua vida. Ele não foi professor, mas fez por merecer seu diploma. Não era nenhum grande teórico, mas só um profissional. Dava para sentir nele a atenção especial que ele dedicava às pessoas, principalmente àquelas que não haviam se decidido pelo sacerdócio.

Jorge Mario Bergoglio falava repetidamente sobre a consideração que tem pelo trabalho simples. Ele próprio sustentou a família limpando fábricas, quando adolescente. Em suas conversas sobre as tarefas da CELAM, podia-se ouvir que nele ainda havia muito da sede de justiça do jovem socialista Bergoglio. Quando moço, ele se inscreveu no partido peronista, e os objetivos centrais do peronismo – justiça social e ajuda aos pobres – ainda eram essenciais para ele. Perón, que tanto marcou a Argentina em seus governos, de 1946 a 1955, e novamente após dezoito anos de exílio, de 1973 a 1974, impressionou e influenciou Bergoglio profundamente.

Na conversa daquele dia ficou claro para mim que é mais difícil do que se costuma acreditar, para um europeu, entender um latino-americano. Isso atinge sobretudo os militares. Bergoglio decidiu se juntar aos jesuítas, a única ordem da Igreja católica fundada por um soldado para os soldados de Cristo. Tornar-se jesuíta e sentir-se um soldado, porém, não significa juntar-se ao exército. Na Europa, o exército e o engajamento social foram por muito tempo uma contradição. Mas, na Argentina, a história foi outra. Perón foi major do exército argentino, e tomou parte no golpe militar de 1943 contra o governo de Ramón Castillo. Mas, após sua eleição para presidente, ele chegou a chefe do partido trabalhista e começou a conduzir a Argentina a uma nova era, a partir de 4 de junho de 1946. Ele estabeleceu um caminho para seu país e evitou os confrontos da Guerra Fria, marcada pelos conflitos entre o comunismo dominado pelos soviéticos e o capitalismo marcado pelos norte-americanos.

O menino Jorge Mario Bergoglio tinha dez anos de idade quando Perón assumiu seu primeiro mandato. Surgiram centenas de hospitais, a população passou a ter acesso à assistência médica, uma grande parcela dos argentinos recebeu um seguro-saúde. Os salários subiram drasticamente durante o primeiro governo de Perón (em torno de 22%), e as condições de trabalho também melhoraram. Perón tirou os ingleses da Argentina, retomou o banco estatal também dominado por eles e estatizou o transporte ferroviário. O pai de Jorge Mario Bergoglio, o ferroviário Mario Bergoglio, certamente falou de Perón com empolgação em sua infância. Que o jovem Bergoglio se interessasse mais por literatura alemã, italiana e espanhola, e menos pela inglesa e norte-americana, deveu-se naturalmente ao fato de a Argentina da sua juventude ter uma inequívoca aversão a tudo o que fosse inglês.

Bergoglio não via como mácula que Perón fosse major do exército, organismo que tem na Argentina uma imagem totalmente diferente do que tem na Europa. Quando o jovem Bergoglio pensava num oficial de campo, era uma figura como George Washington que ele tinha em mente. Da mesma forma que os EUA conseguiram a independência da Grã-Bretanha com a ajuda dos militares, a Argentina o fez em 1816, contra a Espanha. Para Bergoglio, sua relação com o exército seria marcante por décadas. Entender a relação que o outrora cardeal argentino tinha com o exército é algo que talvez nunca se entenda no Velho Mundo. E foi por esses motivos que Bergoglio não repudiou o golpe militar contra Perón, em 1955. Mais tarde ele seria acusado de proximidade excessiva com o governo da ditadura militar (1976-1983), e de não entender como ela aconteceu.

A primeira grande decepção na vida de Bergoglio foi a transformação de seu venerado Juan Domingo Perón. O presidente que se posicionara tão efetivamente por melhorias sociais na Argentina agora se virava cada vez mais contra a Igreja. Quando aconteceu o golpe de Estado contra Perón, Bergoglio tinha dezenove anos e estava matriculado na Universidade de Buenos Aires para cursar Química. Enquanto falava a milhares de partidários em 16 de junho de 1955, jatos de combate atacaram e despejaram bombas; 364 pessoas foram mortas na praça de Maio, no centro de Buenos Aires. O universitário Bergoglio, que crescera numa família católica e se tornara membro do partido de Perón, teve que ver partidários de Perón saqueando e incendiando onze igrejas em Buenos Aires, dentre elas a catedral. Um dia antes, o papa Pio XII havia excomungado Perón. Só em 1963 a excomunhão foi suspensa.

Esses anos marcaram Bergoglio. Em Buenos Aires, reinava o caos. Em 1955, os militares assumiram o controle da Argentina. O partido de Perón foi proibido, e o presidente deposto fugiu do país. Quem lhe deu asilo foi o ditador espanhol, Franco.

A VOCAÇÃO PARA O SERVIÇO DE DEUS

Para Bergoglio a decepção com Perón foi um divisor de águas. Quando este entrou em conflito com a Igreja, Bergoglio se afastou dele. Agora ele procurava outro caminho que tivesse o mesmo objetivo que Perón queria alcançar no início: a justiça social. Bergoglio acreditava que esse podia ser o caminho de Deus. Onde a esperança de um mundo mais justo ardia em seu coração, Deus tomou o lugar. Não foi o homem de Nazaré que disse que bem-aventurados são os que têm sede de justiça?

A decisão de se tornar padre foi influenciada também por um revés pessoal, em 1957: Bergoglio sofria de uma severa infecção nos pulmões. Os médicos decidiram remover uma parte do pulmão direito inflamado. Atualmente, alguns antibióticos teriam resolvido o problema. Um padre foi chamado, pois a intervenção punha em risco sua vida. Ele explicou ao jovem de 21 anos que era caso de vida ou morte. Mais tarde, Bergoglio comentou: "Eu tinha febre alta, peguei minha mãe nos braços e perguntei a ela: 'O que está acontecendo comigo?'. Ela não sabia. Mais tarde, a irmã Dolores veio até mim, ela que havia me preparado para a primeira comunhão. Ela me disse: 'Você está vivendo algo como Cristo viveu'. Aí eu entendi o sentido da dor". Se a sabedoria estiver certa quando diz que a dor ensina a rezar, esse pode ter sido o caso do jovem químico. A operação deu certo e Bergoglio mudou sua vida. Ele disse para a mãe que queria estudar Medicina. Ao arrumar o quarto dele, ela só encontrou livros de Teologia e chamou o filho para uma conversa. Então, ele explicou que de fato queria se tornar médico – mas um médico de almas.

Bergoglio lembra-se exatamente do dia em que tomou a decisão de se tornar padre. Era 21 de setembro de 1957. Ele queria se encontrar com amigos, tinha pensado em pedir a sua namorada em casamento naquele dia. Mas em vez de ir até seus amigos, ele parou na paróquia do bairro, sentindo necessidade de entrar na igreja sem saber por quê. Ali, um padre o cativou, segundo ele por "motivos inexplicáveis". Um padre que ele nunca havia visto. Ele pediu que o padre tomasse sua confissão. E esse homem tinha sofrido da mesma dor de Bergoglio, pois também tinha uma doença grave, leucemia. Ele morreria um ano mais tarde, mas esse encontro convenceu definitivamente Bergoglio a se tornar padre. A partir de então, ele passou a acreditar que Deus é ainda mais rápido do que ele. Seu lema era: se você procurar Deus, será Deus quem o achará primeiro. Em 11 de março de 1958, Bergoglio entrou para o noviciado Villa Devoto da Companhia de Jesus querendo ser jesuíta. Os severos anos de estudo de Teologia e de Filosofia se deram na Argentina e no Chile.

Com a entrada no noviciado da Companhia de Jesus, Bergoglio tomou uma decisão. Ele sabia que nunca poderia fazer carreira dentro da Igreja. Ele não tinha chance de ser bispo, cardeal ou papa. Parece incrível que justamente esse homem que não queria ascender na hierarquia eclesiástica tenha chegado até o topo, se tornando o 265º sucessor de Pedro.

Como se sabe, os jesuítas se veem, desde a fundação de sua ordem, como homens que o papa incumbe de tarefas especiais. Eles sempre estão em missões ou na mídia – a rádio e a emissora de televisão do Vaticano, por exemplo, são dirigidas há anos por eles. Mas dessa ordem houve poucos bispos e nunca um papa. Por causa de seu longo período de estudos, os jesuítas têm a fama de ser a ponta de lança intelectual da Igreja. Eles são vistos como espertos e maliciosos. A piada mais famosa dos jesuítas, a piada do charuto, demonstra isso exemplarmente:

Um pobre padre franciscano vê um jesuíta fumando um charuto grosso e caro enquanto lê o breviário e reza.

– Escute aqui, não é permitido fumar enquanto se reza – diz o franciscano.

O jesuíta o olha amigavelmente e diz:

– Querido padre, o senhor está coberto de razão, certamente não é bom fumar enquanto se reza e eu jamais faria isso. Mas, veja, não há absolutamente nenhuma objeção em se rezar enquanto se fuma.

Contudo, Jorge Mario Bergoglio não faz o tipo de jesuíta astuto retratado nessa piada. Pelo contrário, o jesuíta Bergoglio iria, mais tarde como papa Francisco, exibir perante o mundo inteiro um estilo totalmente novo para o cargo de papa. Ele une a assistência dos monges franciscanos (e sua preocupação com os pobres) com a erudição dos jesuítas. Até então, isso era considerado incompatível.

Bergoglio estudou Ciências Humanas no Chile, voltou para Buenos Aires e lá, no Colegio Maximo San José, formou-se em Filosofia. Ele nasceu no continente americano, e as ideias de liberdade do indivíduo enraizadas na cultura dos países desse continente o fascinaram. Diferentemente da Europa, os Estados do continente americano surgiram principalmente por meio da libertação de seus colonizadores. Na América, tanto no norte quanto no sul, liberdade é um conceito importante. Bergoglio é fascinado pelo filósofo alemão Georg Wilhelm Friedrich Hegel. Segundo Hegel, Jesus foi o primeiro a deixar claro para as pessoas que elas são livres. Para os gregos, o Estado vinha antes do indivíduo. O conceito de individualidade não existia até o século XIX. Um romano também não era livre nem mesmo quando possuía a cidadania, pois como cidadão romano ele estava sujeito ao imperador. Mas Cristo fez as pessoas saberem que são livres, tão livres que elas podem até mesmo se decidir contra Deus.

Nos anos seguintes, Bergoglio estudou Teologia intensamente. Ele dedicou dez anos aos estudos, que só concluiu em 1970. Foi quando desenvolveu uma clara posição teológica, oposta à da escola de Hans Urs von Balthasar, cujas obras o papa renunciante Joseph Ratzinger levou consigo para sua velhice – conforme declarou o porta-voz papal Federico Lombardi, em 28 de fevereiro de 2013. Na distante Argentina, ao contrário, as ideias do teólogo favorito de Ratzinger pouco interessavam a Bergoglio. Para esse doutor suíço e para Ratzinger, a questão gira exclusivamente em torno da fé: o que as pessoas fazem na Terra para conseguir colocar o jantar na mesa não vem ao caso. Já para Bergoglio, no lugar de Hans Urs von Balthasar, o que está em primeiro plano é o ensinamento social cristão. O que importa essencialmente são as pessoas, principalmente as que têm fome demais para conseguir refletir sobre a fé em Deus. O que marcou Bergoglio foi a palavra do fundador de sua ordem, Inácio de Loyola: "Nós temos que fazer tudo o que pudermos, mas no final está a confiança em Deus".

Foi exatamente isso o que fascinou Bergoglio na Teologia: agir, mudar o mundo, intervir, dar tudo o que pode ser dado. Uma vida de orações e de contemplação da perfeição da fé não é o suficiente para ele. Bergoglio quer mais. Nesse ponto, ele é muito parecido com o super-homem Karol Wojtyla, que também não estava interessado só em refletir sobre Deus e o mundo, mas em fazer mudanças efetivas – o que não agradou os regimes comunistas da Polônia e dos outros países do Pacto de Varsóvia.

Enquanto Bergoglio estudava, a Argentina vivia um pesadelo. O país sul-americano e principalmente a Igreja católica de lá, com suas relações com o Vaticano, estavam sendo criticados publicamente. Em 11 de maio de 1960, em San Fernando, um bairro de Buenos Aires, agentes do Mossad capturaram Adolf Eichmann. O antigo chefe da seção judaica do escritório central de segurança da SS fora o responsável pela deportação e assassinato de milhões de judeus em campos de concentração e de extermínio.

A prisão de Eichmann confirmou definitivamente a conjectura que se fazia há tempos de que Perón, que durante a Segunda Guerra desempenhara funções de adido militar na Alemanha nazista e na Itália fascista, visitara inúmeros setores do front, levando para seu país de forma bem calculada militares nazistas – com a ajuda da Igreja católica. A plataforma para a fuga de criminosos nazistas ficava no centro do Vaticano. O bispo austríaco Alois Hudal, um racista que igualava pessoas de pele escura a macacos e admirava Hitler abertamente, havia organizado a "rota dos ratos"[6] em Roma. Hudal, chefe da comunidade de língua alemã de Roma, conseguiu passaportes falsos, que possibilitaram a fuga de pessoas como Adolf Eichmann para a Argentina. Além de Eichmann, as estimativas do jornalista argentino Uki Goñi apontam que cerca de trezentos criminosos nazistas conseguiram escapar para aquele país. Dentre eles estavam Klaus Barbie, Josef Mengele, Erich Priebke, Eduard Roschmann e um massivo número de membros do movimento fascista croata Ustascha, que desfrutava de má fama por seus monstruosos atos de crueldade nos campos de concentração. A esquerda radical na Argentina tinha agora provas concretas de que, com a ajuda da Igreja, nazistas se infiltraram na Argentina. Não era um bom terreno para um espírito jovem como Bergoglio, que em 13 de dezembro de 1969 foi ordenado padre.

6 Sistemas de fuga organizados para nazistas, fascistas e outros criminosos de guerra europeus rumo a países fora de seus continentes. (N.T.)

DIGRESSÃO: OS PROBLEMAS DA ALEMANHA E ISRAEL

Há somente um país no mundo onde o papel da Igreja católica na organização da fuga de nazistas para a Argentina é tema prioritário: a Alemanha. Em nenhum outro lugar o papa Francisco terá que mergulhar tanto nesse capítulo negro da história de sua terra natal, a Argentina. Uma coisa deve ter sido explicada a ele já nas primeiras semanas de seu pontificado: uma visita à Alemanha será muito, muito difícil. E é só uma questão de tempo até os organizadores das viagens do Vaticano perguntarem a Francisco: quando o avião do papa vai pousar nos aeroportos de Munique e de Berlim?

A viagem de Francisco à Alemanha será um dos mais difíceis testes de seu papado, pois essa é uma situação nova para o Vaticano. Desde a visita de Paulo VI à Veneza, em setembro de 1972, é tradição que um papa viaje à diocese de seu antecessor. Tanto para Paulo VI quanto para João Paulo II, isso não foi um problema: ambos só tiveram que ir à Veneza, pois seus predecessores João XXIII e João Paulo I foram patriarcas daquela cidade. Bento XVI também aceitou, por educação e tradição, viajar primeiramente à pátria de seu antecessor, e foi à Polônia. A primeira de todas as viagens internacionais de Ratzinger como papa o levou ao Dia Mundial da Juventude, em Colônia, Alemanha, evento agendado por seu antecessor. A segunda viagem de Bento XVI foi organizada de modo que ele pudesse visitar todas as cidades importantes para Karol Wojtyla, onde se esperava ansiosamente pelo novo papa. No roteiro estavam a capital Varsóvia, o centro da diocese de origem de João Paulo II,

Cracóvia, sua cidade natal, Wadowice, e por fim o mais importante santuário para João Paulo II, Jasna Góra, perto de Czestochowa. A viagem ao país de seu antecessor foi uma prioridade para Bento XVI, por isso uma viagem do mesmo tipo parece ser também inevitável para Francisco – se não for assim, os partidários de Bento XVI na Cúria verão o gesto como uma grosseria. Se Francisco agir em conformidade com seus antecessores, deverá ir primeiro a Berlim, de lá para Munique, cidade onde Joseph Ratzinger foi arcebispo, a seguir para sua cidade natal, Marktl, às margens do rio Inn, e por fim para Altötting, o santuário favorito de Ratzinger. Mas essa viagem também tem uma certa natureza explosiva, principalmente no que diz respeito ao modo como Francisco deverá lidar com o envolvimento da Igreja na fuga dos nazistas para seu país, e ainda como lidará com seu antecessor.

Todo novo papa tem que enfatizar o quanto reverencia seu antecessor. No caso de um papa emérito, fica a questão: como o sucessor deve exprimir essa reverência? Ele deve encontrá-lo, consultá-lo, buscar sua assessoria? Se fizer isso, o novo papa terá que arcar com a acusação de deixar se levar pelo antigo papa, de até mesmo deixá-lo reger. Então será que ele deve fazer o contrário e evitar o antigo papa o quanto puder, deixando-o sozinho tanto em Castel Gandolfo quanto em seu mosteiro? Isso talvez fosse mais correto, mas daria sem dúvida uma impressão de indelicadeza. O que os especialistas haviam profetizado a Paulo VI toma agora corpo, com Ratzinger ainda vivo e atuando mesmo que involuntariamente como um "papa-sombra".

Até agora, os papas viajaram para as dioceses de seus falecidos antecessores para recordá-los e homenageá-los, diante dos habitantes locais. Mas Ratzinger não está morto. Se Francisco quiser homenagear Joseph Ratzinger, só precisa percorrer um curto trajeto até Castel Gandolfo. Adiar uma viagem à Alemanha até o dia em que Ratzinger estiver morto seria refutado por seus amigos da Cúria e pareceria insensível. O papa não pode, de maneira nenhuma, deixar que o acusem de estar esperando pela morte de Joseph Ratzinger, para ter finalmente ter o caminho livre para fazer uma viagem à Alemanha.

Por isso é que o novo papa deve se perguntar qual é o melhor malabarismo que ele pode fazer no caso de uma viagem à Alemanha. Como fazer com que ela seja bem-sucedida, tendo como pano de fundo um papa emérito alemão ainda vivo e morando no Vaticano? Numa viagem àquele país, o papa provavelmente seria coberto com presentes, votos de sorte e mensagens para seu antecessor. Dizer que quer se encontrar com Bento XVI, que ele próprio levará os presentes, que quer ter uma relação de proximidade com o papa emérito? O cerne do problema é: uma monarquia absoluta é uma monarquia absoluta – não há lugar para um segundo soberano. Se o papa regente der a impressão de ainda ser muito ligado ao antecessor vivo, a Igreja teria problemas por não deixar claro quem de fato comanda.

Mas o papa eleito também sabe que seria embaraçoso e rude se durante sua viagem à Alemanha ele não demonstrasse uma certa proximidade com seu antecessor. Ele teria que responder a perguntas sobre Joseph Ratzinger: Como vai ele? O que ele tem a dizer aos alemães? E o que responder? Que Ratzinger não tem mais nada a dizer, que ele deve ficar quieto, porque agora só o novo papa é quem fala aos alemães? Naturalmente, não pode ser assim. Até porque muitos fiéis veriam uma saudação de Ratzinger como a saudação do papa. Cada palavra do novo papa seria analisada segundo as palavras do antigo, e Francisco ficaria totalmente preso no feitiço de Joseph Ratzinger.

Em vez de ter que lidar com os problemas de uma visita à Alemanha, Francisco poderia simplesmente adiar essa viagem, mas então aconteceria exatamente o que não deve acontecer no Vaticano de maneira alguma: que Bento XVI determine as decisões de seu sucessor através de sua existência como uma espécie de "sombra". É por isso que essa viagem e todas as suas implicações são um assunto muito delicado.

Por causa da história da Alemanha, a problemática de uma visita a esse país está intimamente ligada a outra missão delicada: uma viagem a Israel. Imediatamente após a renúncia de Bento XVI, o custódio da Terra Santa, frei Pierbattista Pizzaballa, exigiu que o novo papa viajasse àquela região o mais breve possível.

Após a expulsão dos cavaleiros cruzados, os freis franciscanos foram os únicos representantes da Igreja católica que permaneceram na Palestina. Clemente VI os tinha encarregado de vigiar os lugares considerados santos para a cristandade. Em 1847, quando o patriarcado latino foi reconstituído em Jerusalém, eles eram os únicos sacerdotes romano-católicos na Terra Santa. Ainda hoje os vigias são chamados de custódios. Francisco não escapará de uma viagem à Israel, porque a atenção especial dada às relações com esse país sempre foi prioridade para todos os papas, desde a viagem histórica de Paulo VI a Jerusalém, em 1964.

Para o novo papa, essa viagem será um teste complicado e crucial. Pois provavelmente não há nenhuma outra ação secreta do Mossad[7] com tanto alcance em Israel como o sequestro de Adolf Eichmann na Argentina. Naquela época, a Argentina não tinha nenhum acordo de extradição com a nação judaica, mas Israel não queria assistir Eichmann, acusado de assassinatos em massa, desfrutando de sua velhice em liberdade, em Buenos Aires. Francisco terá que aguentar a pressão da opinião pública israelense, por ter sido membro do partido cujo chefe, Juan Domingo Perón, possibilitou que criminosos nazistas fugissem para a Argentina e lá vivessem tranquilamente.

A viagem não será fácil também porque muitos israelenses não conseguem esconder sua decepção pela maneira como Bento XVI lidou com o judaísmo em seu pontificado. Já durante sua viagem à Polônia, em maio de 2006, Israel se indispôs contra o papa por causa

7 Serviço secreto do governo israelense. (N.T.)

de suas declarações em Auschwitz. Ao passar pelos portões do antigo campo de concentração, ele falou, como alemão que vivenciou o nacional-socialismo ainda na juventude, sobre como Auschwitz tinha se tornado um local de assassinatos em massa em escala industrial. Ele disse que viera como "filho do povo alemão, sobre o qual um bando de criminosos ganhou poder fazendo promessas mentirosas, com a promessa de grandeza, do ressurgimento da honra da nação e de seu significado, com a promessa de bem-estar, e também com terror e intimidação, de tal modo que nosso povo pôde ser usado e abusado como instrumento de sua cólera de destruição e de dominação".

Eu consigo entender a indignação de Israel com esse discurso e continuo entendendo até hoje. Naquele dia, o grande teólogo Joseph Ratzinger deveria ter feito um grande discurso. Mas acabou fazendo um discurso pobre, mesmo tendo dito que, como filho do povo alemão, se responsabilizava. Pois o que Bento XVI disse em Auschwitz não é verdade, historicamente falando. Não é correto que "um bando de criminosos" carregasse a culpa pelo que Auschwitz se tornou. Também não é verdade que o povo alemão tenha sido feito de "instrumento da cólera de destruição" desse bando de criminosos. Foram bons católicos que denunciaram judeus e os mandaram para as câmaras de gás. A Igreja católica tolerou a morte de milhões de cidadãos sob o nacional-socialismo – essa é que é a verdade! A culpa pelo que aconteceu em Auschwitz também cabe à centenária tradição antissemita da Igreja. E se existe algum papa que tinha a obrigação de se manifestar sobre Auschwitz, era o papa da Alemanha. Atribuir a responsabilidade a um "bando de criminosos" não bastou. Agora, Francisco terá que rever as relações com Israel, não apenas por causa desse discurso em Auschwitz, mas também porque isso foi apenas o prelúdio de toda uma série de danos.

O ponto político mais problemático de Bento XVI aconteceu em janeiro de 2009, no dia em que Israel ameaçou romper relações diplomáticas com o Vaticano. O papa tinha trazido para a sua Igreja um homem que negara o Holocausto, suspendendo sua excomunhão. Israel não aceitou a explicação que o papa não sabia que o bispo Richard Williams estava na mira da justiça canadense por ter negado publicamente o Holocausto. Isso simplesmente não podia acontecer a um papa da Alemanha.

Em Israel, em maio de 2009, o discurso de Bento XVI no memorial do holocausto Yad Vashem também não correspondeu às expectativas de Israel. Na figura do novo papa, o Vaticano terá que reconstruir uma ponte com o país em cujo território Jesus de Nazaré viveu e pregou, a Palestina.

A CRUZ DE FRANCISCO

Bergoglio lecionou Filosofia e Teologia na Universidade San Miguel nos anos 1970. Ele não fazia ideia de que um de seus alunos era Leonardo Sandri. Esse teólogo nascido em 1943 em Buenos Aires galgou o caminho até a ordenação como padre muito mais rapidamente do que o próprio Bergoglio, tendo sido ordenado já em 1967. Após uma carreira brilhante na Secretaria de Estado, Sandri foi acolhido pelo papa Bento XVI no colégio de cardeais em 24 de novembro de 2007. Eles tinham carreiras completamente diferentes: Sandri é um profundo conhecedor da Cúria e da Secretaria de Estado, Bergoglio pouco sabia sobre as duas. Sandri queria dar certo em Roma, no coração da Igreja, Bergoglio sempre preferiu ficar na Argentina. E, de repente, na Capela Sistina em Roma, o intruso Bergoglio aparecia como papa, perante seu conterrâneo Sandri, que a partir de então terá que seguir as prescrições do outro.

Bergoglio fez carreira em escala modesta, chegando ao posto de prior provincial dos jesuítas na Argentina em 1973. Até 1979, ele renovou a ordem tão profundamente que os jesuítas tiveram que se livrar dele. Entre 1980 e 1986, Bergoglio foi reitor da Faculdade de Teologia em San Miguel, e isso parecia indicar um fim de carreira tranquilo. Até que o cardeal Antonio Quarracino o descobriu e o promoveu a bispo auxiliar de Buenos Aires, em 20 de maio de 1992. E então, aquele homem de 56 anos podia avançar e fazer realmente uma carreira na Igreja. Enquanto seu chefe, o cardeal Quarracino, desfrutava da comida opulenta em restaurantes exclusivos de Buenos Aires, o bispo auxiliar Bergoglio tomava mate com os mais pobres nas favelas, como se precisasse se desculpar pelas ostentações de seu chefe.

Certa feita, Perón causou uma decepção profunda em Bergoglio, colocando-o em extrema dificuldade. O ex-presidente exilado na Espanha queria voltar ao poder, na Argentina. Houve participação dele na criação de uma organização armada chamada Montoneros (Movimiento Peronista Montonero), uma guerrilha urbana dentro do movimento peronista, que provocou o Estado argentino com terror e violência (nas práticas do grupo, estavam o sequestro de expoentes do mundo dos negócios e políticos, chantagem, assaltos a bancos, e atentados e ataques contra instalações militares). Perón queria desestabilizar o Estado argentino com a ajuda do movimento, para então ser chamado de salvador. O plano dele era pérfido desde o início, porque já em 1970, na formação dos Montoneros, ele pretendia destruí-los violentamente caso ressurgissem mais tarde. Perón de fato conseguiu voltar ao poder em 1973. E fez exatamente o que havia planejado, calando os espíritos rebeldes que ele mesmo havia invocado, e promovendo uma autêntica guerra contra os Montoneros. Os grupos extremistas, no entanto, já não se deixavam mais controlar – afinal, haviam ficado muito ricos com suas práticas ilegais e chantagens.

Contudo, a estabilização da Argentina com a volta de Perón foi de breve duração. Após sua morte em 1974, sua esposa, Isabel Perón, tornou-se presidente. Ela tinha uma popularidade enorme, e a história parecia se repetir. A segunda esposa de Juan Perón, Evita, foi simplesmente idolatrada durante o segundo mandato de seu marido, no final dos anos 1940 – Andrew Lloyd Webber fez do musical *Evita* e da música "Don't cry for me, Argentina" um memorial para a legendária esposa do presidente, morta precocemente, aos 33 anos de idade.

Mas a estrela de Isabel Perón uma hora se apagou: em 24 de março de 1976 ela foi destituída de seu cargo – inflação, crise econômica, greves gerais, ataques terroristas tanto da esquerda quanto da direita levaram o exército a atacar, alegando combater os Montoneros e acabar com a crise de Estado. Em seguida, o general Jorge Videla assumiu o cargo de presidente da nação, à frente de uma junta militar. A Argentina foi então coberta por uma onda de terror desmedida, enquanto o governo chamava tudo de "processo de reorganização nacional". Na época, o general Luciano Menendez declarou: "Nós mataremos 50 mil pessoas, 25 mil subversivos, 20 mil simpatizantes e cometeremos 5 mil erros".

O terrorismo de Estado atingiu principalmente os Montoneros, que tinham bases também nos bairros pobres de Buenos Aires. A designação "villa" corresponde na capital portenha aos bairros residenciais mais pobres. Nas *villas*, os Montoneros mantinham depósitos de armas, recrutavam novas gerações, e também distribuíam alimentos para a população. Nessa época de guerra suja entre o terrorismo de Estado e os Montoneros, Bergoglio era o prior provincial da ordem dos jesuítas na Argentina e também o responsável pelos padres jesuítas Franz Jalics e Orlando Yorio. Ambos viviam numa *villa miseria* de Buenos Aires e tinham contato com um catequista que mais tarde tornou-se membro da guerrilha, o que os padres alegaram não saber. Os militares suspeitaram que os dois padres simpatizassem com a Teologia da Libertação e mantivessem contato com os terroristas. Em maio de 1976, eles foram sequestrados. Ficaram presos por cinco meses e foram cruelmente torturados.

Os padres revelaram que haviam sido traídos pelo chefe deles, Jorge Mario Bergoglio, que os tinha delatado pessoalmente, pedindo aos militares que os raptassem, para assim se livrar deles. Essa mentira destruiu os padres, que acabaram tendo que romper com a ordem jesuíta. Mais tarde, eles afirmaram que nada havia para ser revelado, e que não sabiam nada sobre os Montoneros. O fato de o padre Franz Jalics ter origem húngara o tornou ainda mais suspeito: os militares o tomaram por espião do serviço secreto soviético, a KGB.

Após sua libertação, os padres naturalmente espalharam o que tinham ouvido: que Bergoglio os denunciara. O que eles não sabiam é que era uma mentira. As investigações posteriores não revelaram nenhuma prova dessa acusação. Uma das grandes autoridades morais da Argentina, o defensor dos direitos civis, prêmio Nobel da paz e artista Adolfo Pérez Esquivel, disse sobre Bergoglio: "Houve bispos cúmplices da junta militar. Jorge Mario Bergoglio não era um deles." Esquivel não era católico, ele mesmo foi preso em 1977 e torturado por quatorze meses. A ativista dos direitos humanos Graciela Fernández Meijide, membro da organização de direitos humanos APDH (*Asamblea Permanente por los Derechos Humanos*), que nos tempos da ditadura militar recebeu centenas de denúncias contra traidores e apoiadores da junta militar, declarou: "O nome Jorge Mario Bergoglio nunca esteve nelas".

Atualmente, não existem dúvidas, jurídica e historicamente falando, sobre a inocência de Bergoglio. Em 20 de março de 2013, o padre Franz Jalics asseverou num comunicado público que agora tinha certeza de que Bergoglio não teve a menor participação em seu sequestro. Pelo contrário: Bergoglio tinha tentado libertá-los.

Em seu tempo de prior provincial, Bergoglio sempre se colocou à frente de seus padres e sempre os apoiou, principalmente no trabalho nas favelas. Mas, na política e também na Igreja, difamação é uma prática muito comum – sempre há esperança de que alguma das acusações permaneça, mesmo que sejam infundadas. Bergoglio está sempre sendo acusado de ter traído os dois padres, e a Justiça está sempre enfatizando que ele é inocente. Não há a menor prova de sua culpa.

Essa suspeita também é causa da maior dor na vida de Bergoglio. Embora seus adversários na Argentina o defendessem, havia em Roma um homem que não acreditava completamente nele, um homem muito importante e que quase se tornou papa: o cardeal Carlo Maria Martini, por muitos anos arcebispo de Milão e falecido em 2012. Martini foi jesuíta como Bergoglio e sem sombra de dúvida o estimava muito. Em seus escritos, o cardeal milanês sempre colocava em foco o tema da justiça social e elogiava Bergoglio por seu esforço, típico dos jesuítas na Argentina.

Antes do conclave de 2005, Martini era considerado um forte candidato ao trono do papa. No entanto, ele declinou, pois sofria do mal de Parkinson, e sugeriu Bergoglio para o cargo. Só que nessa sugestão se escondia uma farpa terrível: Martini disse que o papel de Bergoglio na época da ditadura militar fora "ambíguo". Começava tudo de novo. A velha acusação contra Bergoglio o atingia novamente. Mas, dessa vez, ela vinha da boca de um homem que Bergoglio considerava amigo. Assim, durante o conclave de 2005, Bergoglio pediu aos cardeais, que já haviam dado quase quarenta votos a ele, que não mais votassem nele.

Mas no conclave de 2013, Carlo Maria Martini não estava mais presente, e o caminho de Jorge Mario Bergoglio estava livre. A acusação, contudo, também turvou sua entronização como papa. Da Argentina, surgiram supostos novos documentos ligados às antigas denúncias – todas as "novas" acusações já tinham sido refutadas. Penso que se os denunciantes tivessem mesmo algo em mãos, eles iriam ao tribunal, o que eles não fizeram. É fácil saber de onde vieram essas denúncias, pois as eleições papais de 1978 e de 2013 tiveram um ponto comum: a eleição de Karol Wojtyla foi para o detentor do poder comunista na Polônia, Edward Gierek, uma catástrofe, assim como hoje é a eleição de Bergoglio para a presidente argentina Cristina Kirchner.

A ÚLTIMA GRANDE BATALHA: BERGOGLIO CONTRA KIRCHNER

A eleição de Carlos Menem para presidente da Argentina, em 14 de maio de 1989, mudou tudo na vida de Bergoglio. Ele viveu uma experiência totalmente nova. As relações entre Estado e Igreja sempre foram tensas desde sua juventude. Primeiro, a guerra de Perón contra a Igreja e, mais tarde, os governos instáveis que se seguiram levaram as instâncias que representavam religião e política a constantes conflitos. Até que os anos 1990 despontaram como uma década de cooperação mútua entre Igreja e Estado, o que deveria ter estabilizado a Argentina. Menem se dizia peronista – o radical progresso social possibilitado por Perón nos anos 1940 e 1950 marcou tanto Menem quanto Bergoglio. O novo presidente se tornou um amigo próximo do protetor de Bergoglio, Antonio Quarracino, nomeado arcebispo de Buenos Aires no ano seguinte à vitória de Menem nas urnas, em 1990. O problema central de Menem não era só reconstruir a economia do país, mas também impulsionar o processo de reconciliação na Argentina.

Menem e Bergoglio estavam entusiasmados com a figura de Nelson Mandela na África do Sul, que passava por um problema semelhante ao da Argentina: os dois países estavam completamente falidos. Os brancos na África do Sul sabiam que o sistema de segregação racial do Apartheid não podia mais continuar. A pressão externa, por meio da política de embargo da ONU e de várias nações, era tão grande quanto a interna. A questão era o presidente Pieter Willem Botha evitar a guerra civil que se anunciava. Ele retomou negociações secretas com o chefe do congresso nacional africano ANC, Nelson Mandela, preso havia quase três décadas. Naquela época, Antonio Quarracino, como novo arcebispo de Buenos Aires, começou a organizar diálogos de conciliação entre vítimas e autores da ditadura militar argentina.

O objetivo de Carlos Menem era a reconciliação da sociedade, profundamente cindida após a guerra suja da ditadura militar. O arcebispo Quarracino e seu colaborador Bergoglio estavam fascinados pela ideia e queriam impulsionar esse processo. Um dos resultados disso foi a anistia dos generais da junta, que haviam sido condenados à prisão (mais tarde suspensa no governo de Nestor Kirchner). Igreja e Estado simultaneamente iam desconstruindo as longas e recíprocas desconfianças.

A crise econômica catastrófica dos anos 1980 e sua hiperinflação obrigou Menem a atrelar a moeda argentina ao dólar, o que de fato estabilizou a economia, mas elevou os preços da produção. Na Argentina, já fazia muitos anos que a vida no campo oferecia certa estabilidade. Os camponeses criavam gado, plantavam grãos e legumes. Esse tipo de produção não exigia tanta mão de obra quanto as gigantescas plantações de cacau, açúcar e café do Brasil. A principal vantagem dos *hermanos* era a de poder produzir para o mercado mundial a preços baixos – o que foi inviabilizado com a equiparação da moeda local ao dólar. Assim, era cada vez maior o número de pessoas que migravam do campo para as cidades, principalmente para a capital, na esperança de uma vida melhor. Além disso, Menem conduziu uma desregulamentação e liberalização radical da economia, e muitas estatais foram privatizadas. Tudo isso teve como consequência um aumento drástico do desemprego e do nível de pobreza.

Esses anos de dificuldades marcaram muito Bergoglio, sobretudo porque uma grande parcela da miséria social se abateu sobre vítimas inocentes. Os camponeses outrora laboriosos agora vegetavam nos bairros carentes de Buenos Aires e nada podiam fazer contra o fato de seus produtos serem inegociáveis no mercado mundial, em função de decisões da política financeira.

Com a nomeação de Quarracino para cardeal em 1991, o relacionamento da Igreja com o presidente Menem tornou-se ainda mais estreito. Menem sabia que a Igreja católica estava tentando pagar o preço que o governo não podia mais pagar. As drásticas reformas econômicas jogavam cada vez mais pessoas na pobreza e o Estado estava quebrado demais para tornar a vida dos pobres suportável.

Nesses anos da era Menem, de 1989 a 1999, a política e a Igreja argentinas fizeram uma forte aliança, ou seja, essencialmente Menem e a dupla Quarracino/Bergoglio. Ambos os lados tinham interesse numa reconciliação da sociedade, após a catástrofe da ditadura militar, e também em melhorar o destino dos mais pobres. No melhor estilo e tradição de Juan Domingo Perón, o fundador do Estado de bem-estar argentino.

Em 28 de fevereiro de 1998, morreu o cardeal Antonio Quarracino e Jorge Mario Bergoglio ficou em seu lugar. Para Bergoglio, a morte do amigo foi uma perda dolorosa, que também marcou o fim de uma época. Em 1999, Menem não foi reeleito, o que determinou o fim dessa fase amplamente harmônica e positiva de cooperação entre Estado e Igreja. Menem foi posteriormente acusado de corrupção. De qualquer forma, o balanço de seu governo foi a estabilização da economia e a reconciliação nacional, respaldados pela dupla Quarracino/Bergoglio, que também tinha feito alguns avanços no trabalho social.

Entre 1999 e 2003, diferentes governos se alternaram, em épocas economicamente caóticas, até um novato entrar em cena: Nestor Kirchner, um político vindo da província. Em 2003, Menem desistiu de disputar o segundo turno contra Kirchner; ele sabia que perderia. Em 25 de maio de 2003, Kirchner prestou seu juramento como presidente. Kirchner dizia ser peronista, comprometido com as visões sociais de Perón. Ele conseguiu fomentar a economia de seu país, que cresceu tão rapidamente quanto a da China, chegando à taxa de 10% ao ano. Mas o dinheiro desapareceu como sempre nos bolsos dos mais ricos. Um terço da população continuava vivendo abaixo da linha da pobreza e dependia da ajuda da Igreja. Em 2007, na Conferência Latino-Americana dos Bispos, em Aparecida, Bergoglio afirmou: "Nós vivemos na parte do mundo onde há mais injustiça e desigualdades sociais, onde a pobreza continua a crescer. Ela chegou a uma situação de pecado social, que clama aos céus e que impossibilita que muitos de nossos irmãos vivam uma vida plena". Em 2002, Bergoglio atacou duramente os políticos e disse: "Nós não podemos assistir ao espetáculo triste daqueles que não sabem mais que mentiras contar e decidem que querem acima de tudo garantir seus privilégios, sua ganância e sua riqueza obtida através da desonestidade".

Bergoglio reconheceu que Nestor Kirchner estava conseguindo estabilizar a economia da Argentina, mas ele também registrou que os pobres pouco participavam da conjuntura favorável do país. Em 10 de dezembro de 2007, Cristina Fernández de Kirchner assumiu a presidência; seu marido havia desistido de uma nova candidatura a favor dela. O casal Kirchner foi bem-sucedido ao confiar na peculiar preferência dos argentinos por esposas de presidente. Por um motivo qualquer, havia ali uma forte necessidade de venerar a mulher do presidente ou de vê-la no poder. Será que os argentinos nutrem um desejo oculto de ter uma rainha? Eva Perón fez seu marido, Juan Domingo, desfrutar de uma popularidade descomunal, e sua terceira esposa, Isabel Perón, foi a primeira presidente da Argentina, de 1974 a 1976.

Agora era a vez de Cristina Fernández de Kirchner. Ela também se via como sucessora na tradição das ideias socialistas de Juan Domingo Perón, mas não encarava a Igreja como uma aliada importante, como Carlos Menem. Ela queria uma outra Argentina. Cristina sonhava com a modernização do país e com um modelo econômico não muito diferente do bem-sucedido modelo chinês. Ela queria construir uma economia parcialmente controlada pelo Estado.

Da sede do governo, a Casa Rosada, Cristina Kirchner conseguia ver a sede do bispado, que Bergoglio tinha mandado desocupar, indo morar numa casa modesta. Ele não aceitou ter uma religiosa como governanta, preferindo pagar uma faxineira. O resto do serviço doméstico ele mesmo fazia, mesmo depois de ter sido nomeado cardeal, em 21 de fevereiro de 2001.

Bergoglio solicitou catorze vezes uma audiência com Cristina Kirchner, e ela sempre recusou. Então começou a "pancadaria" entre os dois. Ela queria apresentar ao parlamento um projeto de lei autorizando o casamento entre homoafetivos. Mas Bergoglio não era Quarracino, conhecido por suas piadas de mau gosto sobre os homoafetivos. Bergoglio sempre fazia questão de enfatizar sua estima e respeito pelos homoafetivos, mas aprovar o casamento de pessoas do mesmo sexo já era ir longe demais. Segundo ele, era uma afronta à vontade de Deus. Ele escreveu uma carta às carmelitas de Buenos Aires, que mais tarde ficaria famosa: "Nas próximas semanas, o povo argentino terá que aceitar um desafio que poderá atingir brutalmente a família. Trata-se da identidade e da sobrevivência da família: pai, mãe e filhos. Trata-se da vida de crianças que poderiam ficar em desvantagem por ser-lhes tirada a chance de crescer como Deus desejou, com um pai e uma mãe. Trata-se da rejeição a uma lei de Deus que foi registrada em nossos corações. Nós não devemos ser ingênuos, não se trata de uma luta política, mas sim de uma ação do pai dos pecados (o diabo), que está tentando confundir os filhos de Deus e conduzi-los para a escuridão".

Apesar de toda sua ferrenha determinação, Bergoglio perdeu essa luta. Em julho de 2010, a Argentina foi o primeiro país da América Latina a autorizar o casamento homofetivo após uma votação no senado. Dura derrota para Jorge Mario Bergoglio.

ENCONTRO DE DOIS PAPAS

A data de 23 de março de 2013, um sábado frio e nublado para os padrões romanos, ficará para sempre na história da Igreja católica. Nesse dia, aconteceu algo que nunca mais deve se repetir – aliás, numa instituição de quase dois mil anos como a Igreja católica romana, isso é algo que sequer deveria ter acontecido. Papas conduziram guerras e selaram a paz, alguns formaram famílias e outros levaram vidas de ascetas. Tudo o que as pessoas comuns fazem, os papas também já fizeram, em algum momento desses dois mil anos passados. Mas o que houve nesse dia aconteceu pela primeira vez: um papa renunciante recebeu um papa regente.

O único papa da história que realmente abdicou do cargo foi Celestino V. Em 13 de dezembro de 1294, ele fez isso esperando um tratamento amigável por parte de seu sucessor, mas este não pensou em retribuir o favor. Quando, em 24 de dezembro de 1294, Bonifácio VIII foi eleito, a primeira coisa que fez foi aprisionar seu antecessor. Celestino tentou fugir, mas em vão. Os capangas de Bonifácio VIII o pegaram. Pietro di Morrone – o verdadeiro nome de Celestino V – foi então jogado numa cela até o dia de sua morte, em 1296. Indignados com o papa, os franciscanos se recusaram a reconhecê-lo. Ou seja, nunca houvera antes nem um encontro amistoso entre dois papas.

Quando o helicóptero do papa Francisco deixou o Vaticano, em 23 de março de 2013, às 12h05 horas, para voar para Castel Gandolfo, milhares de peregrinos já aguardavam em frente à residência do papa emérito, Bento XVI. O piloto do helicóptero da força aérea italiana fez um agrado à multidão e sobrevoou duas vezes a praça com o papa Francisco a bordo, antes de pousar atrás dos muros do sítio dos papas perto de Castel Gandolfo. O papa emérito, visivelmente debilitado, esperava no heliporto. Mal Francisco desembarcou, os dois se abraçaram cordialmente. Cena inédita. Francisco usava a capa sobre os ombros, a chamada *mozetta*, e a faixa com a insígnia bordada. Na mão, algo também inédito: o primeiro anel de pescador já usado pelo antecessor do antecessor. Esse era o anel alargado de Paulo VI. O novo papa concordou em usá-lo durante a missa de início de mandato, em 19 de março. Nem o símbolo de majestade como arcebispo de Roma, o pálio, um tipo de estola de lã de carneiro, era novo: era um dos que Bento XVI já havia usado, e que tinha encomendado seguindo os modelos especialmente longos que lembravam os papas da Idade Média.

No peito de Francisco ainda pendia a modesta cruz de ferro que ele já usava quando bispo, bem diferente da cruz de Ratzinger, mais suntuosa. Francisco abriu mão dos sapatos vermelhos dos papas e usava seus velhos sapatos pretos, trazidos com ele de Buenos Aires. Ambos usavam batinas brancas e o solidéu, um pequeno barrete símbolo de um bispo ordenado. Em vez de se sentar à mesa de almoço, já posta, ambos foram à capela do palácio de Castel Gandolfo. Ali, Joseph Ratzinger quis demonstrar sua humildade, diante do sucessor: ele tinha mandado construir um banco de orações na frente do altar para o papa, e um outro para si mesmo bem mais para trás.

Tão logo os dois pisaram na capela, Joseph Ratzinger fez um sinal a seu sucessor. Ele deveria se ajoelhar na frente, onde estava o banco de orações destinado a ele. Mas Francisco não quis, e se aproximou de Ratzinger. O papa emérito ficou surpreso e indicou novamente a seu sucessor que ele devia ocupar o lugar da frente. Mas Francisco acenou que não. “Eu fico com o senhor lá atrás”, disse ele, e se ajoelhou perto de Ratzinger no mesmo banco. Em seguida, declarou: "Afinal, nós somos irmãos".

Ficou claro que ninguém mostrara a Bento XVI as fotos do hotel dos cardeais. Francisco sempre se sentou na parte de trás na capela do hotel, durante as orações. Também no jantar, no refeitório da Casa de Santa Marta, ele se recusou a tomar um lugar de honra e se sentou em qualquer lugar que estivesse livre no momento.

Após a oração na capela, Francisco e Bento se reuniram para um conversa privada que durou 45 minutos. Tratava-se da transmissão dos assuntos governamentais. O papa emérito tinha que reunir todos os documentos que ainda estavam em sua posse e mandar prepará-los para o novo papa. Esse foi o último ato de Joseph Ratzinger relacionado aos assuntos do governo. Quando o novo papa voou de volta ao Vaticano, às 14h42, ele sabia que agora sim, estava sozinho no cargo.

A PÁSCOA DE 2013: NOVAS NUANCES NO VATICANO

A maneira como Francisco andou no corredor central da basílica de São Pedro para o átrio, até o braseiro, para dar início às comemorações de Páscoa, foi mais um sinal das mudanças promovidas pelo novo papa: ele usava sua veste de missa simples, branca, trazida da Argentina. Isso era inconcebível! Era uma mensagem arrasadora para a Cúria, pois significava que Bergoglio não se curvaria ao Vaticano. Mesmo em festas religiosas bem menos importantes que a Páscoa, os chefes de cerimônia colocavam o tímido Bento XVI dentro de vestimentas suntuosas, há mais de cem anos adormecidas na sacristia dos papas. Essas capas foram confeccionadas quando os papas ainda eram príncipes territoriais e quando ainda existia um Estado eclesiástico. Elas são entremeadas com tantos fios de ouro e adornadas com esmeraldas tão pesadas que Bento XVI frequentemente não tinha forças suficientes para se levantar sozinho depois de se ajoelhar no altar. E agora, na noite de Páscoa, o novo papa se destacava por entrar na majestosa catedral vestido como um simples padre de aldeia. Os piores temores dos cardeais da Cúria se confirmaram: Bergoglio parecia falar sério, ao querer realmente uma Igreja diferente daquela que até o momento só produzia um escândalo atrás do outro. Assim, fazia suas comemorações despreocupadamente, usando vestimentas simples, mas com toda pompa e circunstância.

Após a eleição, muitos cardeais nutriam a esperança de que Bergoglio voltasse à razão quando sentisse a oposição, nas primeiras semanas em Roma. Ele veria de perto que a sede do trono de Pedro em Roma é muito diferente do que sua paróquia caipira de Buenos Aires, num continente sobre o qual os papas não têm qualquer informação. Todos achavam que Bergoglio seria obrigado a se curvar – mas que ele de fato não aceitaria isso, ele só revelou no início das comemorações de Páscoa.

A quinta-feira santa já havia sido uma catástrofe para a Cúria. O serviço religioso no final da tarde tem o objetivo de recordar a última ceia, e é uma das celebrações mais festivas no calendário eclesiástico. É o dia em que o papa sempre demonstra como seus padres são importantes; nesse dia, são os padres da diocese de Roma, doze no total, que têm seus pés lavados pelo sumo pontífice, assim como Jesus fizera com seus apóstolos.

Mas Francisco quebrou a tradição e avisou que lavaria os pés de detentos do reformatório juvenil Casal del Marmo. Para o círculo conservador, isso foi um escândalo que gerou tremores de ira em muitos no Vaticano: o papa não lavaria os pés de honrados padres, mas sim de jovens ladrões, vigaristas, traficantes de drogas. E a coisa ficaria ainda pior: o papa não hesitou um segundo em lavar os pés de duas moças – e dois muçulmanos – que estavam na prisão. Na Cúria, muitos perguntaram, indignados: "O papa ficou louco? Jesus lavou os pés dos apóstolos e todos eram homens! Nenhuma mulher participou da última ceia, por isso todos os padres na Igreja católica são homens – e agora mais essa! O que será que vem agora? O sacerdócio feminino?".

O que mais pesou foi a justificativa dos defensores do papa: Bergoglio já lavou muitas vezes pés de mulheres, na quinta-feira santa, na Argentina. E esse era o ponto crucial. "Quem é que dava importância ao que Bergoglio fazia em Buenos Aires? Agora ele está em Roma, e tem que se ater às regras daqui e parar com isso de querer lembrar ao suntuoso Vaticano que tudo começou com o paupérrimo Jesus de Nazaré." Francisco, no entanto, não tinha intenção de se deixar intimidar. Em seu sermão de Páscoa, ele advertiu a Igreja de que era ela quem tinha que se colocar ao lado dos pobres e dos doentes, e usou a bênção "*Urbi et Orbi*" quando uma grande parte do mundo no domingo de Páscoa está voltada para o Vaticano, para demonstrar que um novo vento soprava. Ele quebrou a tradição iniciada há décadas de desejar feliz Páscoa ao mundo inteiro em mais de sessenta idiomas. O que ele tinha para dizer, ele disse. Desejou feliz Páscoa só em italiano, dirigindo-se só à sua diocese de Roma. Ponto. Para ele, as pessoas que não acreditam no Deus cristão não precisam de um papa que lhes deseje feliz Páscoa. Afinal, os grandes *muftis* muçulmanos também não desejam um feliz final de Ramadã em todas as línguas possíveis...

O mundo olhava fascinado para o Vaticano e para o novo papa. É simples entender qual era o encanto que envolvia repentinamente o reino dos papas. Pois houve um homem que ensinou: "Bem-aventurados os pacificadores, bem-aventurados os misericordiosos, bem-aventurados os que têm sede de justiça". E ainda decretou mais um mandamento: "Amai-vos uns aos outros como eu vos amei". Agora vinha um homem do "fim do mundo" que realmente queria pôr isso em prática. Por séculos, os papas conheciam essa mensagem e nem em sonho pensaram em aplicá-la. O Vaticano viu incontáveis papas em cujas cabeças nunca passou a ideia de serem misericordiosos. Como, por exemplo, Leão X, o papa Médici, que esbanjava tanto dinheiro que teve que vender cartas de indulgência. Ou Alexandre VI, que teria considerado loucura estabelecer a paz e que, em vez disso, financiou as guerras de seu filho ilegítimo, Cesar Borgia. Ou Nicolau V, que considerava um engano exercer a justiça, já que em troca de um bom dinheiro ele concedeu aos portugueses a legitimação espiritual para a escravização dos africanos.

Os papas ignoraram e espezinharam por tanto tempo a mensagem de Jesus que o mundo se habituou a isso. Os católicos e também os não católicos ficaram acostumados à existência de dois lados na Igreja: aquele do filho do carpinteiro de Nazaré, que se recusava a usar outra coisa nos pés que não fossem sandálias, e que esmolava sua comida, e aquele dos papas que tinham chegado ao requinte de criar um banco próprio, que em pleno século XXI movimentava negócios financeiros ilegais, e que eram conduzidos em limusines de mais de cem mil euros. O mundo se acostumou tanto a isso que essa contradição acabou legitimada. Ninguém tinha conseguido prever que um dia pudesse surgir um homem que levasse tudo isso a sério. Um homem que diria: "Se nós pregamos 'bem-aventurados os misericordiosos', então precisamos nós mesmos ser misericordiosos. E se pregamos 'bem-aventurados os pacificadores', então precisamos nós mesmos ser pacificadores. E se pregamos 'bem-aventurados os que têm sede de justiça', então nós mesmos precisamos ser justos.

Uma nova era despontou no Vaticano, um corte radical foi consumado. É o primeiro papa do continente americano, o primeiro papa jesuíta, o primeiro papa que abre mão dos símbolos de poder. Em 1978, João Paulo II ainda se deixou carregar até a Sedia Gestatoria, o trono dos papas, através da catedral de São Pedro. Bento XVI ainda foi vestido com os antigos símbolos de poder, o manto de arminho e o camauro, o gorro adornado com pelo de arminho. Mas Francisco abriu mão de tudo isso. Ele foi o primeiro papa a ir para o hotel na Via della Scrofa depois de sua eleição, para pagar sua hospedagem e buscar sua mala.

Esse domingo de Páscoa foi um dia histórico para Roma e para o Vaticano. A época dos papas em fausto ostentatório e, principalmente, a época dos papas que não se importavam com a mensagem de Jesus fica agora para trás. Em sua mensagem de Páscoa, o papa disse qual é o lugar da Igreja: "Que grande alegria é, para mim, trazer essa mensagem a vocês: Cristo ressuscitou. Eu gostaria que ela entrasse em toda casa, em toda família, e especialmente onde há mais sofrimento, nos hospitais, nas cadeias". O lugar da Igreja de Francisco é ao lado dos presos e de quem estiver em sofrimento. O Deus de Bergoglio é totalmente diferente daquele de Joseph Ratzinger: "Venceu o amor, venceu a misericórdia. Sempre vencerá a misericórdia de Deus". O Deus do papa Francisco é, acima de tudo, um Deus misericordioso, não apenas um Deus justo. Muito diferente do impacto causado pela fala de Bento XVI, em outubro de 2005, quando o papa emérito convocou seu Deus na praça de São Pedro, por ocasião da beatificação do bispo de Münster, conde Clemens August von Galen. Ele disse que o conde von Galen "temia mais a Deus do que às pessoas", e por isso ele fora tão corajoso ao se opor aos nacional-socialistas. Mas será que as pessoas precisavam ter temor a Deus porque Ele as ameaçava com coisas piores do que os nazistas? O Deus de Bergoglio é totalmente outro. É um Deus de amor.

Até então, parecia inevitável que um papa se comportasse como um rei do mundo. E agora um homem mostra que é possível ser de outro modo – exatamente como na mensagem de Jesus. De agora em diante, cada papa terá que se medir por esse homem, o primeiro sumo pontífice a ostentar o nome Francisco. Ele parece questionar todos os antigos ocupantes do cargo desde a Idade Média: "Por que nenhum papa, desde a morte de Francisco de Assis há cerca de setecentos anos, escolheu esse nome e fez o que Jesus queria: viver como homem simples e humilde, pobre e modesto, pregador da paz onde fosse possível, que não pensa em si e em seu próprio papel, mas em como pode ajudar os pobres?".

Francisco está ao lado dos fracos e dos pobres. Ele se mistura à multidão, quer estar junto de seu rebanho. Quando, depois da missa naquele domingo de Páscoa, ele passou pela multidão, na praça de São Pedro, alguns altos executivos da Daimler, em Stuttgart, arregalaram os olhos. Com a intermediação do antigo secretário do papa, Georg Gänswein, a empresa automobilística Mercedes Benz havia presenteado Bento XVI pouco antes de sua renúncia com um papamóvel novo em folha, inclusive com uma cúpula de vidro totalmente à prova de balas e perfeitamente climatizada. O carro é um milagre da tecnologia, mesmo que à primeira vista pareça simplório. Por causa de sua construção em vidro blindado, que pesa toneladas, tudo no automóvel foi especialmente desenvolvido: pneus, câmbio automático, motor. Mas Francisco não quis usar o carro, preferindo desfilar no antigo papamóvel, que estava parado na garagem há anos por não ter vidro blindado. Em vez de ir ao encontro das pessoas como se estivesse num aquário, Francisco ficou em pé, completamente desprotegido, apoiado numa barra de metal atrás do motorista. Aquilo era um pesadelo para o pessoal da segurança. Alguém como Mehmed Ali Agca não teria problema algum para atirar em um papa assim tão vulnerável, mesmo após 32 anos desde o ataque contra João Paulo II. Para Francisco, porém, não se tratava de proteger sua vida, e sim de cumprimentar as pessoas na praça, falar com elas, abençoar as criancinhas. Mesmo que isso representasse para ele um risco mortal.

A Igreja de Bergoglio não é apenas uma Igreja que se volta para os pobres, os presos, os excluídos, mas se coloca também ao lado dos trabalhadores, seguindo os passos de João Paulo II. Karol Wojtyla havia levado sua Igreja para perto dos trabalhadores, apoiando a luta dos estivadores em greve, ligados ao *Solidariedade* da Polônia. Em 1992, Francisco já havia declarado, na Conferência Latino-Americana dos Bispos, em Santo Domingo: "São as estruturas econômicas injustas que geram desigualdade e pobreza extrema". Os padres da Teologia da Libertação também pensavam assim. Em 2001, Bergoglio exigiu diante de grevistas a justiça para os "pobres que ainda são perseguidos por reclamarem seu direito ao trabalho".

Bergoglio nada tem a ver com os grupos ultraconservadores da Igreja. Ele conhece o movimento da Irmandade Pio X, partidários de Marcel Lefebvre, e também o bispo Richard Williamson, que tinha negado o Holocausto. Mas Bergoglio sempre deixou claro que ele não queria nada com os irmãos de Pio, bem como a volta dos lefebvrianos à Igreja. Além desses, outro grupo de ultraconservadores também desagrada Bergoglio: os padres que se recusam a batizar filhos de mães solteiras. Ele os chamou à ordem e os advertiu de que todas as crianças são amadas por Deus.

No papado de Francisco, também parece possível uma mudança na situação dos divorciados que querem se casar novamente e que até o momento estão excluídos dos sacramentos. Bento XVI esclareceu, pouco antes de sua renúncia, que isso valia também para as confissões. Com isso, a Igreja católica trata a pessoa que se separa de seu cônjuge e quer casar novamente pior do que trata um assassino, pois este pode receber a absolvição, o perdão de seus pecados e assim participar novamente dos sacramentos como a comunhão. Uma mulher que se separa amigavelmente de seu marido e quer se casar de novo não tem esse privilégio. Muitos dos cerca de 50 mil bispos do mundo consideram isso um escândalo. Francisco pode ser uma esperança.

A mensagem revolucionária que Francisco levou ao Vaticano diz que não é preciso nenhuma grande teologia para mostrar o que Deus quer dizer às pessoas: "Sejam misericordiosos, protejam os fracos, as crianças, os doentes, amem as pessoas assim como Deus as ama, promovam a paz, e nunca desistam de ansiar pela justiça".

Mas antes de pedir a ajuda de Deus, arregacem suas mangas e construam um mundo melhor!

O PAPA PÕE A MÃO NA MASSA

Apenas em raríssimas vezes na história da Igreja católica os papas arregaçaram as mangas por seus fiéis. Por séculos, não se diferenciavam em nada dos outros senhores das casas reais espanhola, francesa ou inglesa, fazendo esforços incríveis para enriquecer a si próprios e seu Estado ou para ganhar mais poder. Colocar mãos à obra pelo povo católico nunca foi o seu estilo; pelo contrário, agir era considerado algo extremamente rude. Um sumo pontífice simplesmente não poderia fazer o trabalho de uma pessoa comum. Um dos exemplos mais impressionantes disso é o primeiro papamóvel, um Citroen Lictoria 6. 1900 anos depois de Caio Júlio César ter se apoderado do domínio em Roma, ele era aquecido da mesma maneira como os romanos faziam para aquecer suas casas: usando carvão incandescente. Como o aquecimento para automóveis ainda não tinha sido inventado, colocava-se um recipiente com carvão em brasa numa minilareira especial localizada no chão do automóvel, a fim de deixar seu interior agradavelmente quente. Para que o sumo pontífice não precisasse fazer nada, mas nada mesmo, o carro tinha um sistema de interruptores. Assim, o papa comunicava ao motorista se devia ir à esquerda ou à direita, parar ou retornar ao Vaticano, sendo dispensado do desagradável esforço de ter que falar com seu condutor.

Pio IX (pontificado entre 1846 e 1878), beatificado pelo papa João Paulo II em 2000, entrou para a história com uma inatividade espantosa para com seus fiéis. Depois que as tropas italianas tomaram Roma, em 1870, munidas com a espada papal, Pio IX retornou amuado ao Vaticano. Até sua morte, os fiéis esperaram em vão que ele fizesse algo concreto e ficasse ao lado deles, porém ele simplesmente permaneceu encerrado no Palácio Apostólico, irritado. Pio IX recusou conceder aos seus fiéis até mesmo o mínimo que eles esperavam de um papa, as bênçãos *Urbi et Orbi* da Páscoa e a do Natal. O mesmo fizeram seus sucessores Leão XIII, Pio X e Bento XV; todos se abstiveram de acolher espiritualmente os fiéis em seus braços pelo menos uma vez no ano.

Até que, em 29 de maio de 2013, acontece algo único em Roma. Pela primeira vez em muitos anos, uma audiência habitual de quarta-feira torna-se em poucas horas o assunto da cidade. As audiências do papa Bento XVI tinham seus admiradores, quase todos exclusivamente teólogos. Grande parte dessas reuniões eram dedicadas à contemplação dos antigos doutores da Igreja que viveram há mais de 1500 anos. Tanto para o romano comum quanto para muitos peregrinos, as palestras papais eram simplesmente muito complicadas. Em 2008, durante a Jornada Mundial da Juventude em Sydney, o papa Bento XVI mostrou de maneira especialmente drástica que não dava muito valor a palestras inteligíveis. Após a missa de despedida, o porta-voz papal Federico Lombardi admitiu não ter entendido de imediato a fala do papa e disse que queria lê-la depois. Se o erudito teólogo e padre jesuíta Federico Lombardi não havia entendido o discurso, como um jovem totalmente normal o entenderia? Não foi de se espantar, portanto, que nas ruas de Roma não se questionou sobre se nessa quarta-feira o papa havia pregado sobre o santo doutor da Igreja Agostinho ou sobre Bonaventura.

E por isso mesmo essa última quarta-feira de maio foi tão espantosa. Nas coloridas feiras de Roma, entre as barracas de chapas onduladas, as vendedoras espalhavam o que tinha acontecido durante a audiência de quarta-feira. Pelas "salas de estar da cidade", que são as praças junto ao Panteão, na Piazza Navona, no Campo di Fiori, todos os romanos comentavam. Como essas audiências são reservadas aos peregrinos e aos turistas, é natural que mesmo os romanos religiosos nunca tenham participado – eles sabem que podem ir quando quiserem (e justamente por isso é provável que eles nunca o façam).

Contudo, nesse dia a cidade descobre algo desmedido: há novamente um lutador na praça de São Pedro, um homem que não padece ao espetáculo de dezenas de milhares, mas o domina. Foi a primeira vez que algo assim ocorreu. O papa ficou encharcado, sua batina ensopada até poder ser torcida, mas de maneira alguma foi por acaso, e sim porque ele mesmo não quis impedir. Nessa manhã, quando o Jeep do papa se dirigiu à praça de São Pedro, onde mais de 50 mil pessoas estavam reunidas (dentre elas inúmeros brasileiros agitando suas bandeiras), nuvens escuras se adensaram no céu de Roma. Mas não choveu logo, então nenhum de seus acompanhantes tinha um guarda-chuva no Jeep aberto. Vagarosamente, o carro do papa rodou pelos corredores da praça, enquanto a multidão festejava freneticamente o argentino. Com um paciência incrível, a todo momento ele acolhia em seu Jeep crianças pequenas, beijando-as e abençoando-as. Até que o céu abriu suas comportas. Uma chuva intensa desabou sobre a praça de São Pedro. As pessoas se apertaram debaixo dos guarda-chuvas, porém um homem ficou desamparado, exposto à água que desabava do céu: papa Francisco.

Quando as fotos desse dia se tornaram conhecidas, isso mexeu com os romanos e, mais tarde, com as pessoas de todo o mundo. Mesmo com a forte chuva, o papa não quis retornar, não quis interromper o trajeto através da multidão; no lugar disso, acenou ao motorista do Jeep orientando-o a dirigir devagar pela chuva que batia impiedosamente contra eles e os fiéis em júbilo. Os funcionários da segurança, incrédulos, avisaram o papa que iriam interromper imediatamente o percurso e que o levariam diretamente ao dossel em frente à basílica de São Pedro, que o protegeria da chuva e o impediria de ficar ensopado. Contudo, Jorge Mario Bergoglio não quis. Ele simplesmente continuou, abençoando doentes, abraçando deficientes e cumprimentando as pessoas que continuavam a gritar seu nome. Uma coisa me tocou nessa manhã sob o aguaceiro: uma mãe tentou entregar ao papa sua filhinha de uns dois anos de idade. Ela queria que ele a abençoasse e a beijasse como ele fizera com outras crianças. Mas a menina chorava e gritava de medo. Ela não queria ser posta nos braços do homem de branco.

Já vi três papas nessa situação (João Paulo II, Bento XVI e agora Francisco), e eu sei que ela é difícil de se resolver. O papa naturalmente quer agradar à mãe e abençoar a criança. Ele sabe que mais tarde ela contará aos outros, orgulhosa, que sua filha foi abençoada pelo papa em pessoa. Para a Igreja católica e para muitos fiéis, uma bênção do sucessor de São Pedro é uma enorme ventura. Com frequência, vi como papa João Paulo II não sabia o que fazer e era convencido a carregar nos braços para a bênção papal crianças que se debatiam desesperadamente. Nessa quarta-feira, Papa Francisco fez tudo corretamente: com um só gesto, foi como se dissesse à mãe: "Veja como sua filha está chorando, deixe-a com você, ela não quer vir comigo, está tudo bem". O momento foi tão impressionante porque, apesar da chuva, do caos na praça, do estresse ao qual estava exposto perante dezenas de milhares pessoas, o papa manteve a calma e pensou no bem-estar dessa menina como se fosse o bem maior, e simplesmente a deixou em paz, em vez de abençoá-la só para agradar à mãe.

A batalha do papa contra a chuva que precedeu a audiência geral durou quase meia hora. Quando finalmente chegou ao dossel, os prelados do chefe de cerimônia perguntaram preocupados em volta dele: "Sua Santidade, o senhor quer trocar de roupa?". Mas papa Francisco só pegou a toalha que lhe ofereceram, enxugou o rosto e foi ao microfone. O argentino decidiu-se então por um gesto que num instante cativou a praça inteira, dezenas de milhares de fiéis. Em vez de começar a audiência com um costumeiro "*Sia lodato Gesu Cristo*" (Jesus Cristo seja louvado), como muitos papas antes dele fizeram, ele disse algo inacreditavelmente simples: "*Buongiorno*" (bom dia).

Depois disso, ele mostrou grandiosidade e ganhou a simpatia das massas com uma frase. Ele não aludiu ao fato de que ele, o papa, tinha suportado a chuva forte para cumprimentar os fiéis, não pensou em si e nem fez espalhafato em torno de sua pessoa, mas falou como o serviçal dos fiéis ali prostrados em pé na praça, na chuva. Ele disse: "Vocês são muito corajosos em persistirem aí apesar da chuva". A multidão aplaudiu com entusiasmo.

Talvez a audiência não tivesse sido tão importante para os romanos se justamente nesse dia o papa não tivesse retomado um ponto que João Paulo II tinha deixado em aberto, em 2005. Francisco falou sobre a misericórdia de Deus, afirmando que também ele, o papa, "cometeu pecados, muitos pecados", mas que como Deus "é sempre misericordioso e sempre perdoa", ele não precisava se preocupar. Papa João Paulo II faleceu justamente na véspera do único feriado que instaurou no calendário da Igreja – ele morreu na noite de 2 de abril, véspera do domingo que ele dedicara à misericórdia divina.

Roma descobriu nesse dia que o Vaticano estava sendo governado por um homem que se deixava encharcar pela chuva para cumprimentar seu povo, e reunia as massas com uma mensagem consoladora do perdão infalível de Deus. A partir dessa manhã, os romanos ficam sabendo que havia novamente um lutador regendo o Vaticano. Muitos entenderam como se o grande lutador Karol Wojtyla tivesse encontrado um sucessor digno, como se o subjugador da ditadura na Polônia nunca tivesse partido. Um sentimento mudou a cidade de Roma nesse dia: a intuição de que o segundo centro de poder da cidade estava de novo ali, como se Roma tivesse se modificado da noite para o dia e redescoberto uma nova e gigantesca central de comando contra o mal no mundo. Assim havia sido durante o papado de João Paulo II, período em que a sede do governo romano parecia uma estrutura provincial completamente insignificante na política mundial se comparada ao Vaticano. Mikhail Gorbachev não foi ao Parlamento italiano após a queda do muro, mas sim ao Vaticano, para deixar claro ao papa que, sem ele, Karol Wojtyla, o muro de Berlim não teria caído. Dez anos mais tarde, Fidel Castro também ignorou o Parlamento italiano e viajou ao Vaticano para, com o apoio do papa, conseguir um afrouxamento do embargo dos Estados Unidos – o que de fato aconteceu. O ministro das relações exteriores iraquiano, Tarek Aziz, também não foi ao Parlamento italiano duas décadas mais tarde, mas viajou ao Vaticano para negociar com os EUA sobre as condições de paz que deveriam impedir a Guerra do Golfo. O Vaticano havia se tornado naquela época o centro de poder da política mundial.

Mas papa Bento XVI não desejava isso. Durante seu pontificado, o Vaticano não mostrou interesse algum pela influência na política mundial, tratando exclusivamente da fé em Deus. Agora, um lutador estava de volta, e a cidade de Roma já sentia isso.

Papa Francisco, logo nos cem primeiros dias de seu mandato, venceu uma barreira a qual os papas, por mais de mil anos, sempre sucumbiram: o isolamento. A Cúria romana, que já durante a eleição na Capela Sistina sabia que seu pesadelo se tornaria realidade com a eleição de Jorge Mario Bergoglio, viu confirmados seus piores temores. O papa é o primeiro da história a conseguir escapar da influência da Cúria.

A história mostrou que uma questão fundamental para a Cúria é colocar o papa sob controle, o que significa isolá-lo. É de extrema importância que o papa não tenha contato direto com os trabalhadores do Vaticano. Há séculos a Cúria age como uma espécie de filtro entre o papa e o resto da Igreja, e concentra sua preocupação numa coisa: que o papa nunca saiba de certos assuntos. Um dos exemplos catastróficos na história recente sobre o que acontece quando um papa fica sabendo de algo que não deve é a série de decisões completamente errôneas que o papa João Paulo II tomou no caso do fundador do movimento dos Legionários de Jesus Cristo, Marcial Maciel Degollado. O mexicano cometeu crimes sexuais contra seminaristas, viveu com várias mulheres, teve filhos e também cometeu crimes sexuais contra os próprios filhos. No Vaticano, porém, ele passou décadas com a máscara de padre piedoso. Para enganar o papa desse jeito, um grupo muito poderoso da Cúria cuidou para que o papa nunca soubesse o que todos no Vaticano sabiam: que o supostamente carismático Marcial Maciel Degollado era na verdade um criminoso sexual asqueroso, que havia fugido do seminário há meio século porque só estava lá atrás de sexo.

Outro exemplo drástico do isolamento a que submetem um papa diz respeito a Bento XVI, e aconteceu justamente num momento histórico singular. A primeira ministra Angela Merkel foi a primeira chanceler alemã em mais de cem anos a fazer críticas abertas contra um papa. Ela condenou duramente Bento XVI porque ele havia reabilitado o bispo Richard Williamson, o homem que negara o Holocausto. A Cúria agiu para que o papa não ficasse sabendo da censura pública feita por uma chanceler, mesmo isso sendo assunto no mundo todo. Como se não bastasse, a Cúria redigiu uma resposta a ela sem perguntar ao papa qual posição o Vaticano deveria tomar. Nesse dia, a mídia explodiu numa batalha amarga em torno da questão se a senhora Merkel tinha o direito de dar uma reprimenda no papa ou se ela tinha ido longe demais. O papa não sabia de nada, e nenhum de seus colaboradores o havia informado. Foi apenas por acaso, quando ele ligou a televisão à noite, que tomou ciência da tempestade que havia passado sobre ele.

QUANDO O PAPA BATE À PORTA

Papa Francisco resolveu esse problema de muitos séculos de uma forma extremamente simples e nada convencional: ele recusou-se terminantemente a se mudar para seu palácio. Primeiro, os cardeais da Cúria tomaram essa recusa por uma ideia louca e passageira. Entretanto, em 15 de maio de 2013, o papa escreveu numa carta a seu amigo argentino padre Enrique Martinez que não pensava em se mudar para o apartamento papal para "não ficar isolado". No futuro, ele só quer usar o apartamento para receber na biblioteca as visitas de Estado, e ao final desses encontros, ele deve retornar à hospedaria de Santa Marta.

Foi como se o papa tivesse dado uma olhadinha no apartamento e corrido em disparada, batendo a porta atrás de si. Para a Cúria, isso significou uma catástrofe. O isolamento de um papa em seu apartamento no palácio apostólico perto da basílica de São Pedro serve para que apenas pouquíssimos homens tenham acesso regular e direto ao papa, sendo todos apenas homens da Cúria, que incluíam o cardeal secretário de Estado, o prefeito da Congregação para a Doutrina da Fé, os chefes das Congregações para o Clero e o chefe da Congregação para os Bispos.

Tal isolamento podia levar a catástrofes reais com consequências mortais. Um dos exemplos mais nítidos disso foi o assim chamado discurso de Regensburg do papa Bento XVI, de 12 de setembro de 2006. Naquela manhã, havia sido publicado o discurso que o papa faria à tarde, e um sem-número de especialistas católicos alertaram para o fato de aquele discurso conter uma citação que ofenderia o profeta Maomé. Contudo, o papa estava tão isolado que ninguém o alertou disso, e horas foram desperdiçadas. Os teólogos que melhor sabiam o que poderia acontecer nos países muçulmanos (onde vivem minorias cristãs), caso o papa fizesse tal discurso, não conseguiram chegar a Bento XVI por causa de seu isolamento. Nem mesmo seu próprio porta-voz, padre Federico Lombardi, que sabia o quão espinhoso era o tema, conseguiu alertá-lo. Papa Bento XVI então caiu na armadilha sozinho; ele acreditava falar como um professor de nível superior, e não como o chefe da maior religião mundial. Poucos dias depois, extremistas mataram a tiros duas religiosas na Somália, aparentemente por desejarem vingança em decorrência da depreciação de Maomé feita no discurso.

Papa Francisco avisou à Cúria em alto e bom som que não pensava em se deixar isolar, tal qual seu antecessor, e não pretendia deixar seu quartinho na hospedaria dos cardeais, no qual ele deveria permanecer apenas alguns dias até que a reforma no apartamento papal estivesse terminada. Essa decisão por si não teria pesado tanto se o papa não tivesse decidido também conduzir a missa matinal na hospedaria e comer no refeitório de lá. Para os donos do poder da Cúria, isso significava um perigo mortal, pois qualquer um no Vaticano poderia simplesmente ir à missa matinal para falar como papa. Por séculos, os papas celebraram a missa numa capela particular no palácio apostólico, em companhia somente de convidados cuidadosamente selecionados. Mais grave ainda era o fato de o papa simplesmente se sentar no refeitório com os outros.

Ser convidado para o almoço no apartamento sempre esteve na categoria dos privilégios mais importantes. Por isso, os almoços ou jantares eram completamente afastados dos funcionários comuns do Vaticano. Mas agora um novo tempo havia começado. Agora, o papa Francisco procurava para si mesmo um novo lugar na pouco convidativa sala de refeições da hospedaria de Santa Marta, e batia papo ora com um funcionário, ora com outro. Isso nunca aconteceu antes na história dos papas, provavelmente desde que os primeiros, ainda casados, eram eleitos por aclamação (o homem que tivesse seu nome gritado mais vezes e mais alto era escolhido).

A luta contra o isolamento não era o único sinal de mudanças que o papa Francisco dava nos seus primeiros cem dias de revolução. Tratava-se de quebrar o poder dos bandos que dominavam a Igreja havia séculos. Era uma luta dura e só poderia haver um vencedor. Ou o papa se dobrava, ou quebrava o poder da Cúria. O que ele de fato conseguiu.

Nos mil anos passados, os papas haviam governado o Vaticano e a Igreja sempre da mesma maneira. Eles reuniam grupos poderosos em torno de si, ao qual pertencia uma grande parte da Cúria. A tarefa principal consistia em separar o papa daqueles que não pertencessem a esse bando. Desde a Idade Média, as famílias das quais vinham os papas formavam a maior parte desse grupo. Na Renascença, idem. Os papas costumavam nomear cardeais e funcionários próximos a partir de seus parentes mais chegados. O melhor exemplo desse poder é a própria basílica de São Pedro. A fachada da gigantesca igreja não foi consagrada ao nome de Jesus de Nazaré, mas sim a uma família romana, os Borghese. Até hoje, está ostentado acima do portão principal o nome do papa Paulo V e seu sobrenome, Burghesius. Para poder celebrar a si mesmo, Paulo V teve que estragar o genial conceito original de Michelangelo para a igreja de São Pedro. Mas isso não era problema para o papa, pois o essencial era que a honra de sua família fosse elevada para sempre.

Após a eleição de um papa, os membros do governo da Igreja sabem que o novo sumo pontífice irá remodelar a Cúria com pessoas que na verdade não são mais seus parentes próximos, mas que desfrutam de sua confiança. Essa remodelação sempre se realizou segundo as mesmas regras, e o inimaginável era que o papa Francisco tenha quebrado essas regras, revolucionado completamente a relação entre papa e Cúria.

Até a eleição do papa Francisco, o mecanismo de remodelação da Cúria funcionou de modo bastante simples: assim que um papa sentia que não lhe restava mais muito tempo, ele reelegia aos cargos vários membros da Cúria que na verdade deveriam se aposentar – um papa velho governava com uma Cúria totalmente envelhecida. A regra vigente desde o papa Paulo VI de que a idade de 75 anos de vida é o fim no Vaticano foi simplesmente abolida pelos papas. O objetivo era que o novo papa tivesse plena liberdade. Depois de sua eleição, ele não teria que se debater com um aparelho instaurado por seu antecessor. Ele poderia facilmente aposentar grande parte da Cúria e colocar gente sua no lugar, que formava um novo bando e isolava o papa do resto da Igreja.

A remodelagem da Cúria feita pelo papa João Paulo II virou lendária, e foi chamada sarcasticamente de "tomada polonesa". Ele havia atribuído inúmeros cargos a amigos poloneses e cuidou para que depois de sua eleição muitos bispos poloneses de sua confiança recebessem também no Vaticano um posto importante. Assim, o papa fez de seu amigo Zenon Grocholewski o chefe da Congregação para a Educação Católica no Vaticano, seu amigo íntimo Andrzej Maria Deskur, que quase diariamente almoçava com o papa, tornou-se o chefe da Pontifícia Academia da Imaculada Conceição, um outro amigo, Marian Jaworski, foi consagrado cardeal, e um outro amigo, Stanislaw Rylkod, foi nomeado chefe do poderoso Pontifício Conselho para os Leigos.

Papa Bento XVI igualmente remodelou a Cúria com seus amigos pessoais: concedeu a seu velho amigo, admirador e colaborador da Congregação para a Doutrina da Fé, cardeal Francisco Bertone, o cargo de cardeal secretário de Estado, e trouxe seu amigo Gerhard Ludwig Müller para Roma e fez dele o chefe da Congregação para a Doutrina da Fé. Müller havia construído uma relação próxima com o papa Bento, e respondeu amplamente às suas expectativas, o que demonstrava abertamente ao colocar em seu brasão justamente o título da debatida dissertação de Joseph Ratzinger, *Dominus Iesus*, que irritou profundamente as Igrejas luterana e evangélica. Gerhard Ludwig Müller era tão próximo de Ratzinger que recebeu a tarefa de editar sua obra completa. Só se delega essa tarefa a alguém cujo pensamento é quase idêntico ao do autor. Joseph Ratzinger fez de seu amigo próximo Paul Josef Cordes cardeal, e promoveu seu secretário de muitos anos Josef Clemens a responsável no Conselho para os Leigos.

Era completamente claro para a Cúria o que aconteceria imediatamente depois da eleição do papa Francisco. João Paulo II havia ampliado a influência dos poloneses na Cúria, Bento XVI havia fortalecido os alemães... agora a Cúria esperava uma enxurrada de argentinos para dentro dela. Nos primeiros meses após a eleição de Bergoglio, todos aguardavam ansiosos pela chegada dos soberanos argentinos amigos do papa Francisco, que seriam instalados no seio do governo da Igreja, como de costume. Mas o que aconteceu foi algo inesperado: ninguém veio. Papa Francisco havia abolido não apenas o isolamento, como também quebrado a tradição de formar sem demora um pequeno grupo que regeria a Igreja. Em vez disso, ele tomou uma decisão singular na história. A Cúria, via de regra, está lá para aconselhar o papa, mas é notório que o papa não confia nesse aconselhamento. Por isso, ele formou uma nova equipe de conselheiros. Em abril, nomeou uma espécie de mini-Cúria número dois, um grupo conselheiro minúsculo de oito cardeais, dentre eles o cardeal de Munique Reinhard Marx. Eles deveriam remodelar a Cúria, que nada queria saber de reforma.

O passo mais revolucionário de todos que caracterizou os primeiros meses do pontificado do papa Francisco foi, contudo, outro: a desistência de nomear de imediato seu próprio secretário – um caso até então simplesmente inimaginável. O secretário de um papa é, há séculos, uma das mais importantes chaves de seu poder. O Vaticano é a monarquia mais antiga do mundo e isso significa que todos os passos decisivos dependem de um único fato: se alguém pode se aproximar do papa ou não. Essa questão é sempre decidida pelo secretário. Como este é a única pessoa que quase sempre mora com o papa e o acompanha em viagens, forma-se necessariamente um laço estreito.

A maioria dos papas simplesmente trouxe consigo os secretários que já os serviam como bispos. Quase sempre nasceu daí uma relação como a de pai e filho, e assim era com o papa João Paulo II e seu secretário Dom Stanislaw Dziwisz. Dziwisz, no entanto, tinha uma preferência acentuada pelo Movimento dos Legionários de Jesus Cristo. Os membros deste grupo conseguiam se aproximar do papa, porque Dom Stanislaw assim o queria. O secretário percebeu tarde demais que o chefe dos Legionários, Marcial Maciel Degollado, era um criminoso sexual. Já o secretário do papa Bento XVI lecionava na Faculdade Santa Croce, que pertence à Prelatura pessoal da Opus Dei. Não espantará ninguém que esse secretário cuidava para que os membros da Opus Dei sempre tivessem acesso ao papa em seu apartamento, e este escutava suas preocupações e necessidades.

Os secretários de um papa podem influenciar em decisões importantes e estão sujeitos a um singular carrossel do poder. A regra básica é bastante simples: quanto mais tempo um secretário estiver no cargo, maior será seu poder. Nos primeiros anos do pontificado de João Paulo II, Dom Stanislaw Dziwisz era um mero serviçal de seu senhor, uma espécie de filho do grande papa.

Mais tarde, ele ascendeu a um nível de poder tamanho que era temido no Vaticano, e podia influenciar decisões. A história de Mel Gibson, estrela de Hollywood, tornou-se lendária. O ator passou um mau bocado com o secretário do papa. A produção do filme *A paixão de Cristo* havia afirmado que o papa João Paulo II admirava o longa-metragem, pois ele "mostra como foi". No entanto, Dom

Stanislaw não tinha medo do lobby poderoso de Hollywood e declarou que o papa nem sequer havia assistido ao filme, o que levou a imensos danos na produção. O secretário de um papa pertence ao bando do poder, assim como o prédio do palácio apostólico pertence ao grande aparato de isolamento do papa. Para o papa, isso representa uma imensa vantagem: quanto mais isolado ele estiver, menos tem que trabalhar.

O maior problema de um papa é que há uma gigantesca multidão que acredita ter assuntos urgentes a tratar com ele. É assim que funciona uma monarquia absolutista: somente um pode dar a palavra final; ninguém decide nada senão através do papa, pois não há um vice-papa que possa interceder. Pessoalmente, um papa não pode simplesmente se livrar dessas pessoas, pelo contrário, ele deve deixar todas elas virem até ele como estimula Jesus Cristo no Evangelho. Num mundo composto por um bilhão de católicos, isso é naturalmente impossível. Atender todos os 5 mil bispos deste mundo que têm direito a serem recebidos diretamente pelo papa já é difícil o suficiente. Acolher o sem-número de políticos que querem se encontrar com um papa é do mesmo modo quase impossível. Por isso, existem há séculos mecanismos antiquíssimos para proteger o papa, mas o mais importante de todos os instrumentos é o secretário. Seu trabalho é bancar o espantalho, despachar os pedintes e dar-lhes o recado de que o papa os teria recebido com prazer, mas infelizmente não teve tempo. Só que quando o papa abre mão desse complexo aparelho – secretário, apartamento e o bando –, então não há mais saída: ele tem que "pagar o pato", estendendo a mão, cumprimentando, ouvindo preocupações, aguentando pacientemente conselhos sobre si e andando desprotegido na chuva pela praça de São Pedro.

Eu me lembro de uma das mais impressionantes maratonas desse tipo. João Paulo II deveria receber os membros da Organização das Nações Unidas para a Agricultura e a Alimentação (FAO). Pouco antes desse encontro, ele escorregou num tapete, caiu feio no chão e levantou-se. Tinha uma expressão dolorida no rosto, mas se recusou a cancelar a audiência e apertou a mão de centenas de membros da delegação. Somente quando cumprimentou o último homem, concordou em ir ao hospital, onde os médicos descobriram que ele havia quebrado um braço. Apesar da ruptura do osso, ele havia cumprimentado centenas de pessoas! É preciso ser um lutador, e agora um lutador estava de volta ao Vaticano. Papa Francisco revolucionou o cargo por conta de três decisões nos primeiros meses de seu pontificado:

- a recusa em se deixar isolar no apartamento papal;
- a recusa em se deixar isolar através da formação de um grupo argentino, que trabalharia separado do resto da Igreja;
- a recusa em ter um poderoso secretário particular.

O que o papa Francisco tentou foi impossível. Ele não queria construir um grupo em torno da Cúria e controlar a Igreja, ele queria simplesmente se sentar à mesa no refeitório e convocar todos a fazerem uma Igreja melhor e um mundo melhor. Ele queria o impossível, construir em meio a uma monarquia absolutista os primeiros esboços de uma democracia. Ele não queria se recolher com distinção, mas sim arregaçar as mangas.

Este livro foi composto nas fontes Adobe Caslon Pro e Minion Pro,
e impresso em papel *Offset* 70g/m² na Geográfica.